엄마와 함께 하는
뇌 균형 발달 놀이 교육

엄마표 첫 종이접기

뇌 균형 발달 연구회 지음

로그인

차례

통통 잘 익은 수박 ······ 6

아름다운 꽃 ······ 8

뛰뛰빵빵 스쿨버스 ······ 10

뾰족뾰족 피라미드 ······ 12

둥둥 돛단배 ······ 14

팔랑팔랑 나비 ······ 16

어흥! 어흥! 사자 ······ 18

옹기종기 뾰족지붕 집 ······ 20

싱싱 냉장고 ······ 22

폴짝폴짝 메뚜기 ······ 24

뻐끔뻐끔 물고기 ······ 26

왕관 같은 튤립 ······ 28

도깨비가 찾아오면? ······ 30

살살 녹는 아이스크림 ······ 32

날아라! 로켓 ···· 34	**바다의 왕자 고래** ···· 50
캉캉 여우 ···· 36	**반짝반짝 작은 별** ···· 52
음매 음매 송아지 ···· 38	**포롱포롱 작은 새** ···· 54
야옹 야옹 고양이 ···· 40	**백조의 호수** ···· 56
번쩍 번쩍 왕관 ···· 42	**쓱 쓱 요트** ···· 58
하얀 쪽배 초승달 ···· 44	**깡충깡충 토끼** ···· 60
꿈틀꿈틀 달팽이 ···· 46	**코가 손 코끼리** ···· 62
멍멍 강아지 ···· 48	**코가 반짝 루돌프 사슴** ···· 64

떴다 떴다 비행기 ···· 66	**송이송이 포도** ···· 82
개굴개굴 개구리 ···· 68	**무시무시한 상어** ···· 84
꿀꿀 돼지 ···· 70	**탱글탱글 토마토** ···· 86
아작아작 당근 ···· 72	**사락사락 꽃게** ···· 88
쭉쭉 뻗은 나무 ···· 74	**새콤달콤 딸기** ···· 90
토실토실 알밤 ···· 76	**팔랑팔랑 바람개비** ···· 92
알록달록 무당벌레 ···· 78	**입이 쩍 악어** ···· 94
매암매암 매미 ···· 80	

종이접기 기본 기호

종이 접는 방법을 표시하는 기본 기호 두 개만 알면 종이접기를 시작할 수 있어요.
하지만 유아는 점선 모양을 구분하는 게 어려울 수 있어요. 엄마가 기호 보는 법을 익혀서 시범을 보여 주세요.

골짜기 모양 접기

점선 부분이 골짜기처럼 오목하게 들어가도록 색종이를 앞으로 접어요.

골짜기 모양 접기선 ----------

산 모양 접기

점선 부분이 산처럼 볼록하게 튀어나오게 색종이를 뒤로 접어요.

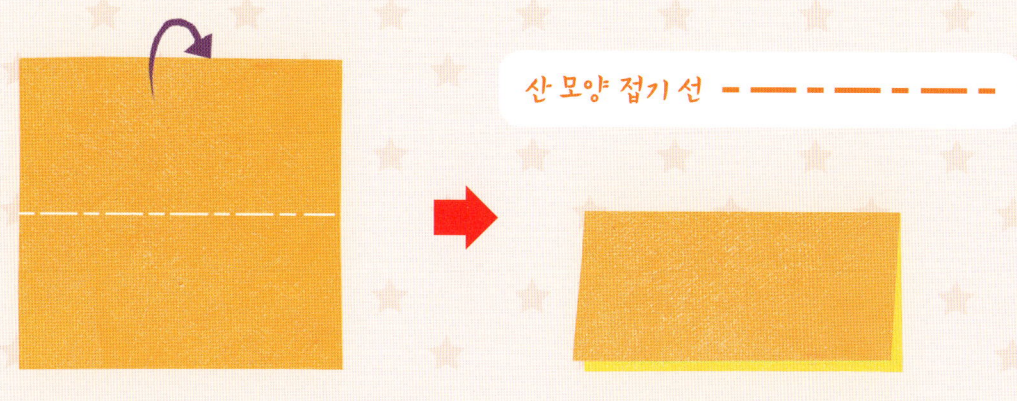

산 모양 접기선 -·-·-·-·-

접는 횟수	1~2번
준비물	원형 색종이 1장

통통 잘 익은 수박

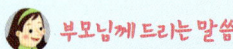 아이들이 제일 먼저 인지하는 도형인 원 모양 색종이로 종이접기를 시작하세요.

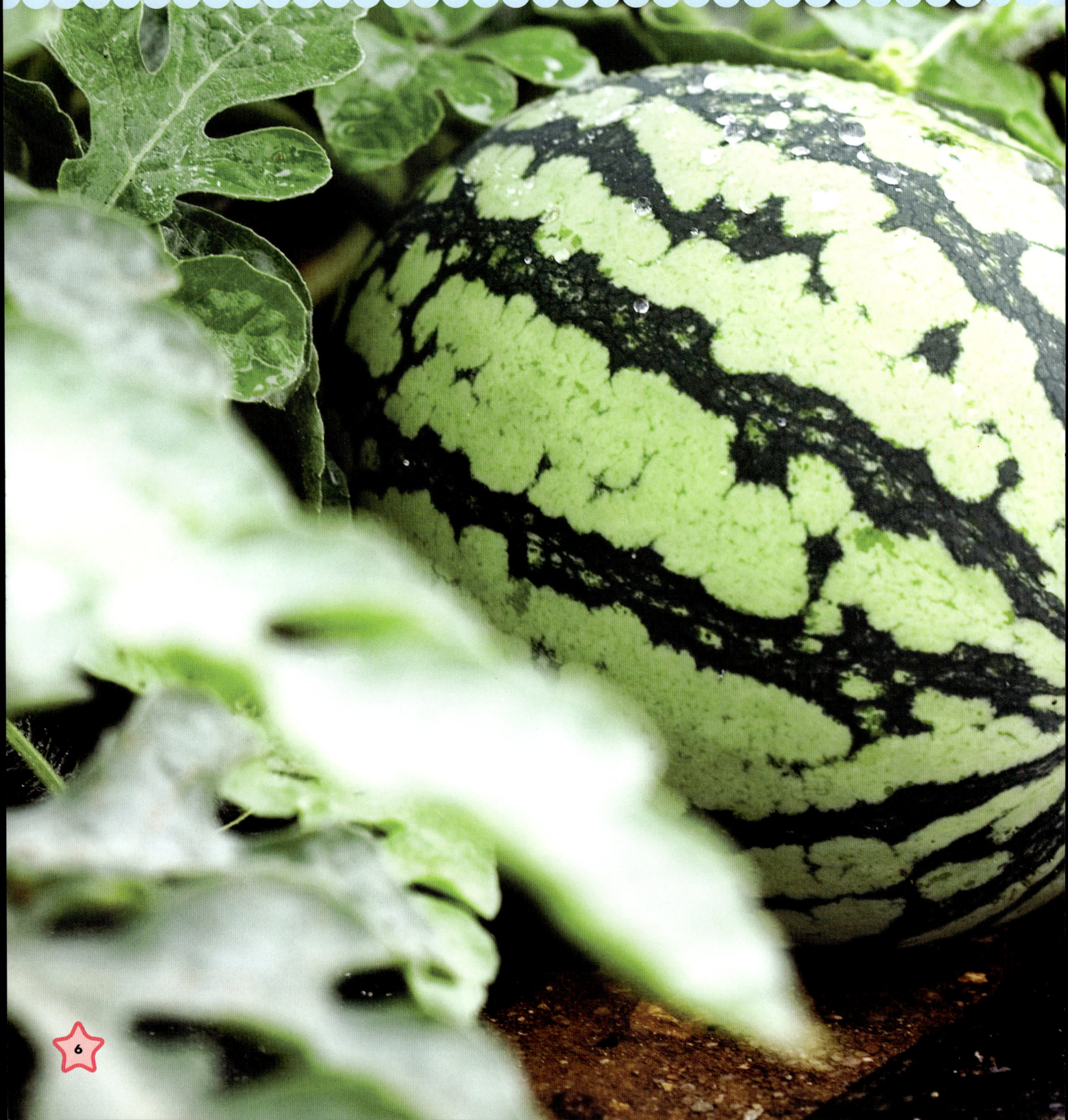

접는 횟수	4번
준비물	원형 색종이 1장

아름다운 꽃

🧑 **부모님께 드리는 말씀** 동그라미에서 조금만 으그러뜨리면 네모가 됩니다. 부모님이 먼저 접는 방법을 보여 주세요. 아이 손을 잡고 같이 접는 것도 좋습니다. 마지막 한 번은 아이가 혼자 접을 수 있게 응원해 주세요.

1 동그라미 색종이를 그림처럼 안으로 접어요.

2 네모가 되었어요.

* 책 맨 뒤에 꽃 접기 색종이가 들어 있어요.

3 살짝 돌리면 예쁜 네모 꽃 완성!

뛰뛰빵빵 스쿨버스

접는 횟수	1번
준비물	정사각형 색종이 1장

부모님께 드리는 말씀 "뾰족한 부분이 꼭짓점이야. 몇 개인지 세어 볼래?" 하고 말을 걸면서 아이가 흥미를 갖도록 이끌어 주세요. "꼭짓점이 네 개구나. 네 개면 사각형이라고 한단다." 하고 가르쳐 줍니다.

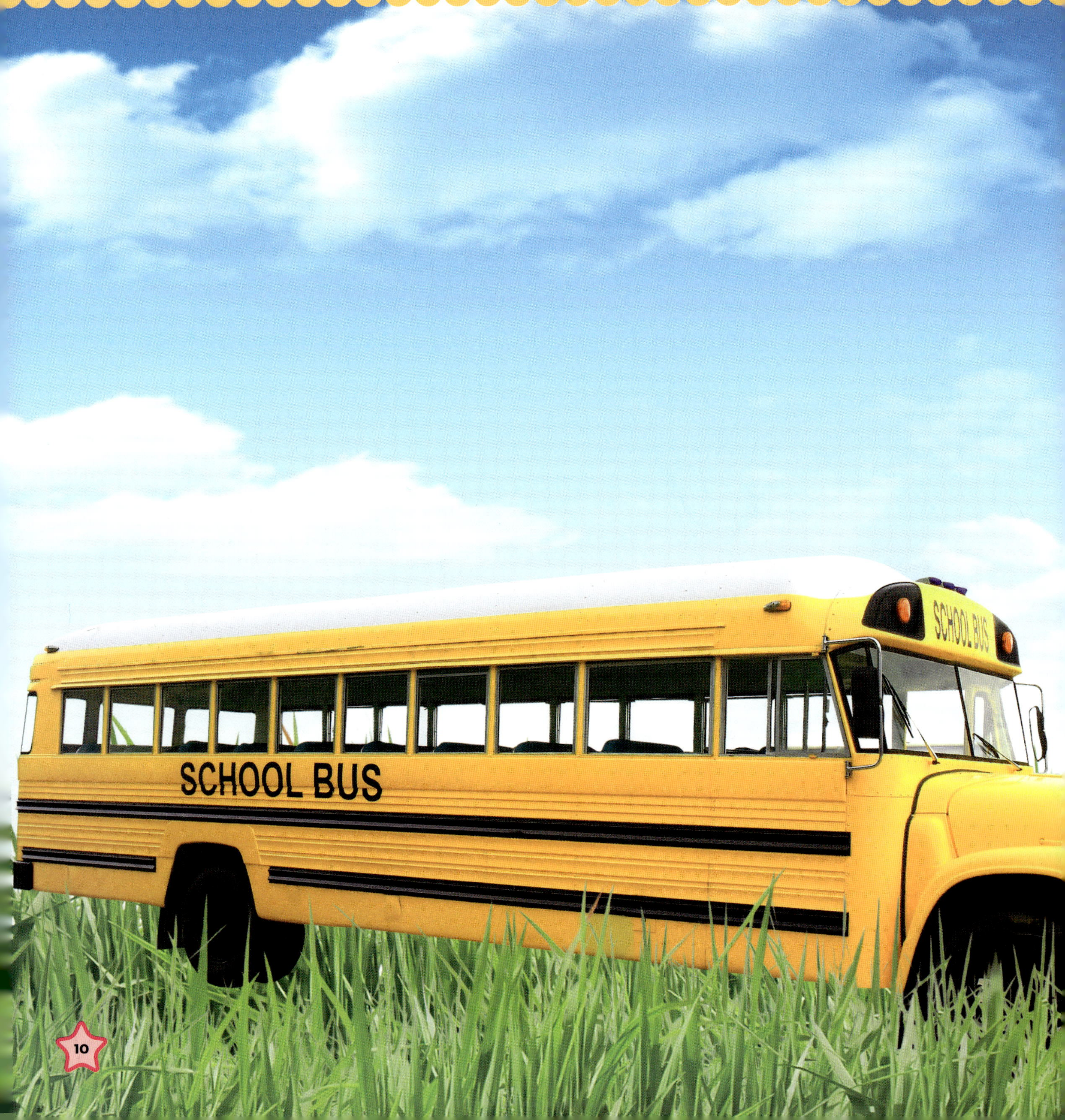

뾰족뾰족 피라미드

접는 횟수 1~2번

준비물 정사각형 색종이 1장

부모님께 드리는 말씀 유아가 제일 먼저 인식하는 공간 개념이 가깝고 먼 거리에 대한 느낌이에요. 종이를 접을 때 "멀리 있는 두 꼭짓점이 가까워지네?" 하고 이야기해 주세요.

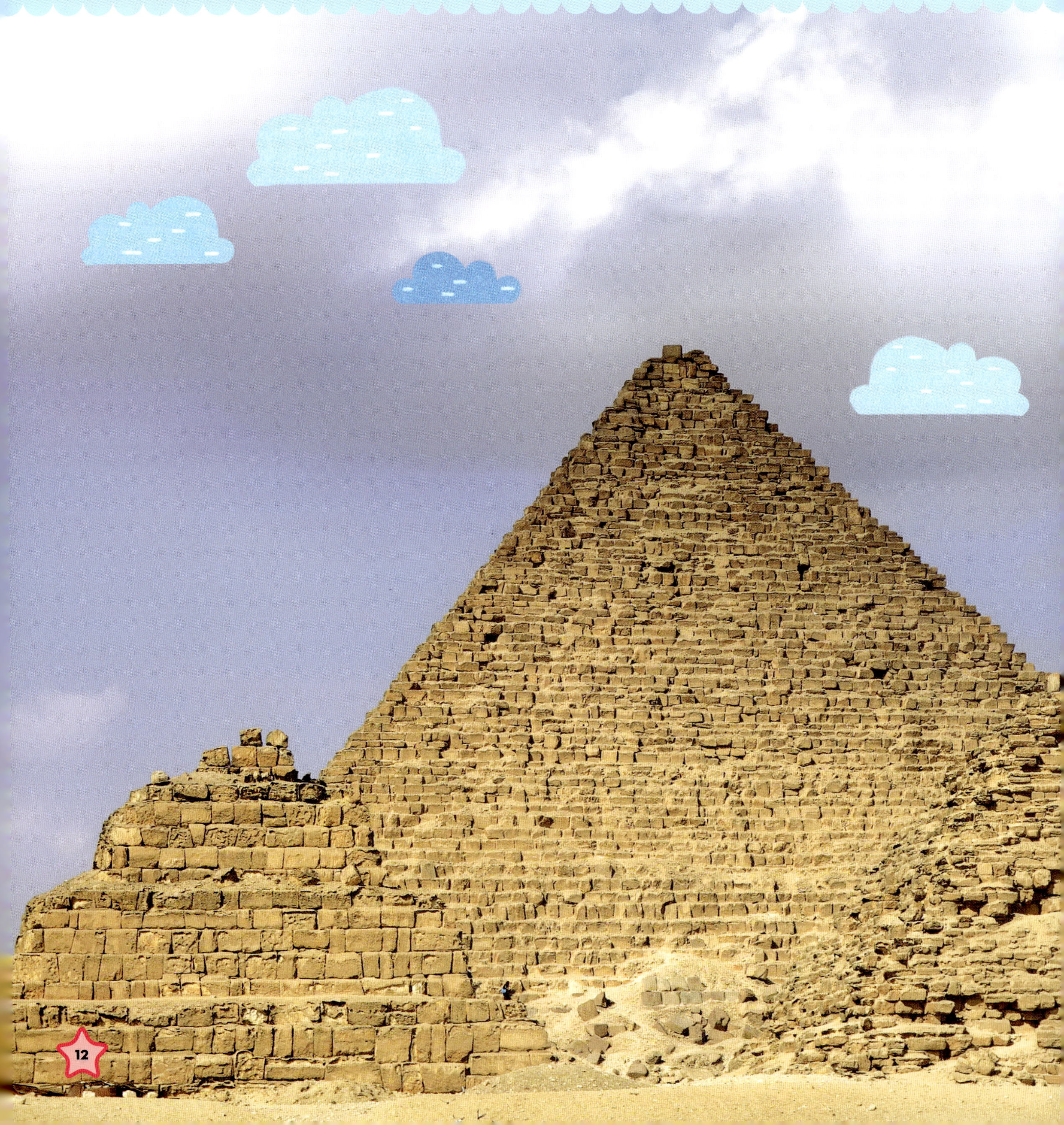

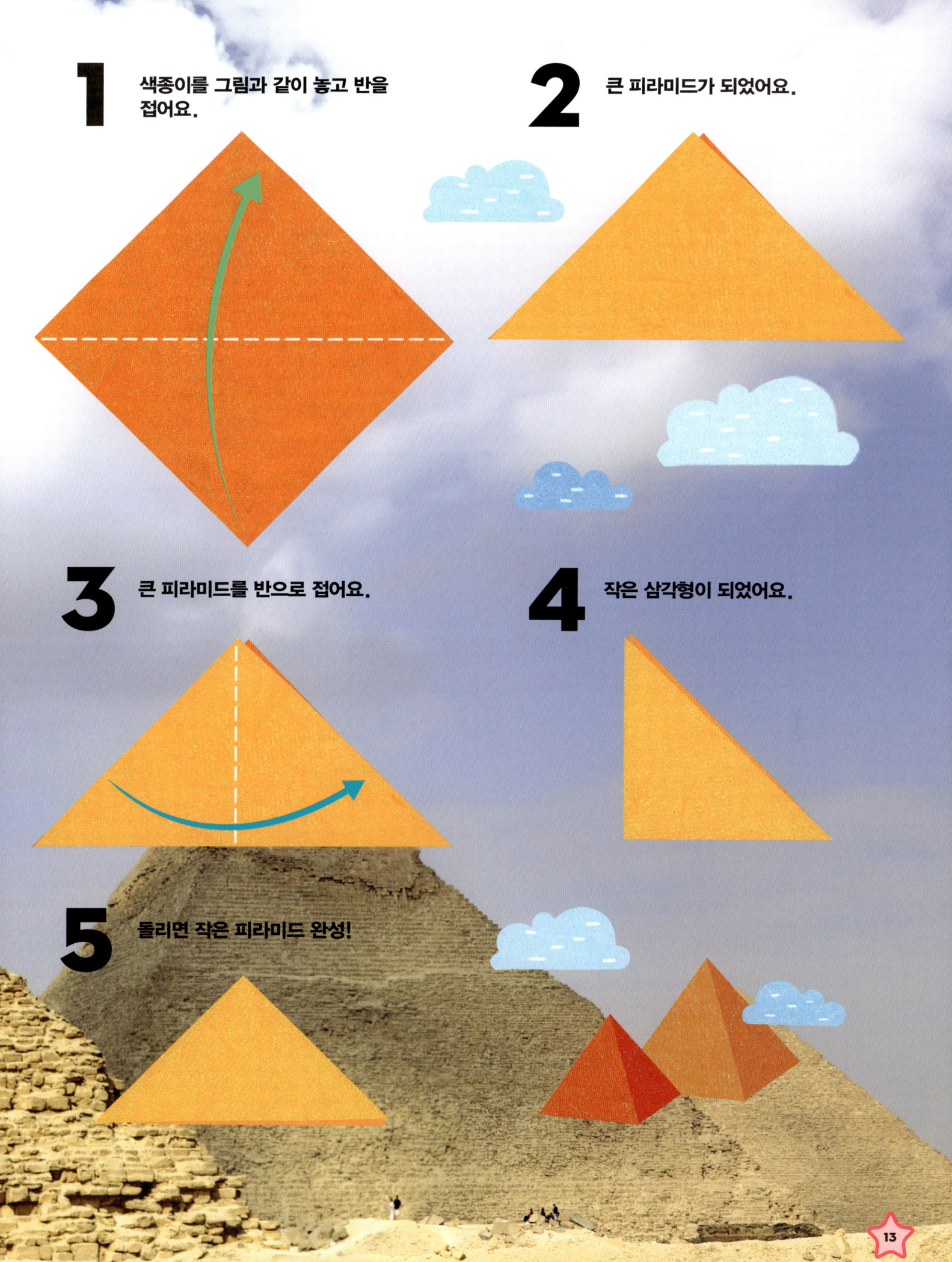

접는 횟수	2번
준비물	정사각형 색종이 1장

둥둥 돛단배

부모님께 드리는 말씀 종이접기 놀이는 단순히 손끝의 움직임을 능숙하게 할 뿐 아니라, 과제를 해결해 나가는 고도의 지적 놀이예요. "돛단배를 머리에 쓰면 모자가 되네?" 하고 상상력을 기르는 대화를 해 주세요.

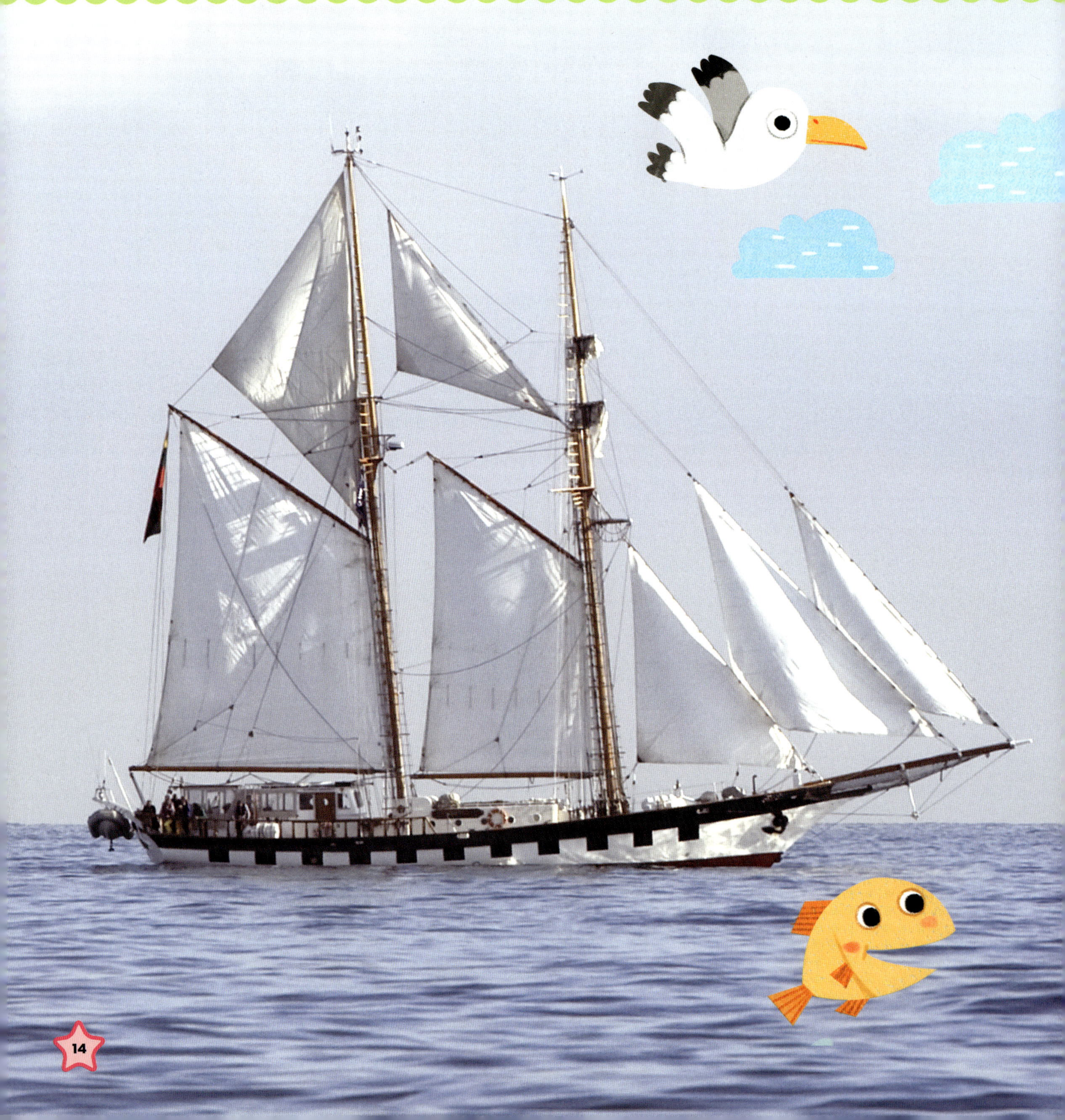

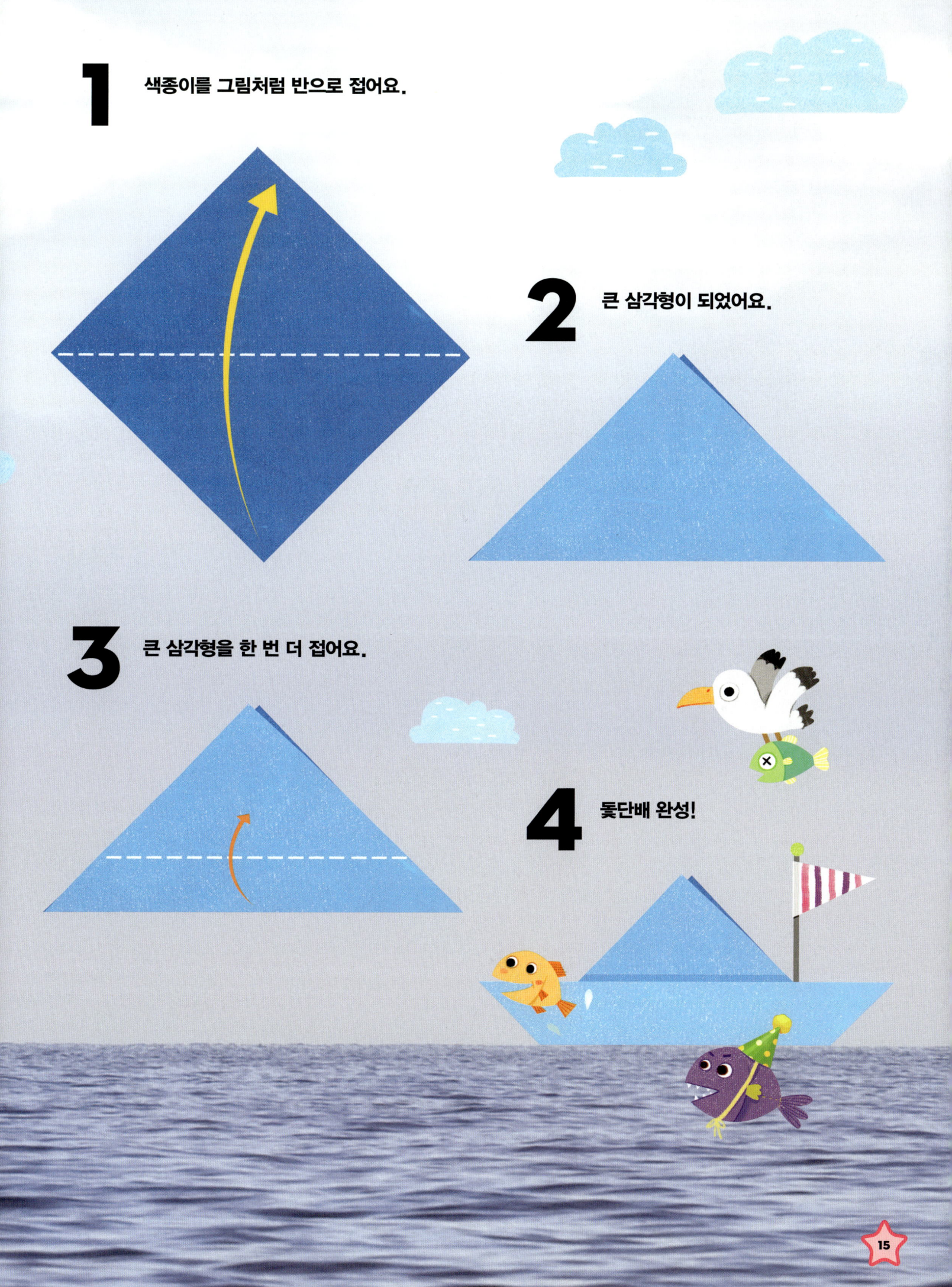

접는 횟수	2번
준비물	정사각형 색종이 1장

팔랑팔랑 나비

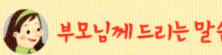 비뚤어도 괜찮아요! 아이가 조심스러워 할 때마다 엄마가 용기를 주세요. 겹쳐진 종이가 삐져나오면 훨씬 예쁜 나비가 된답니다.

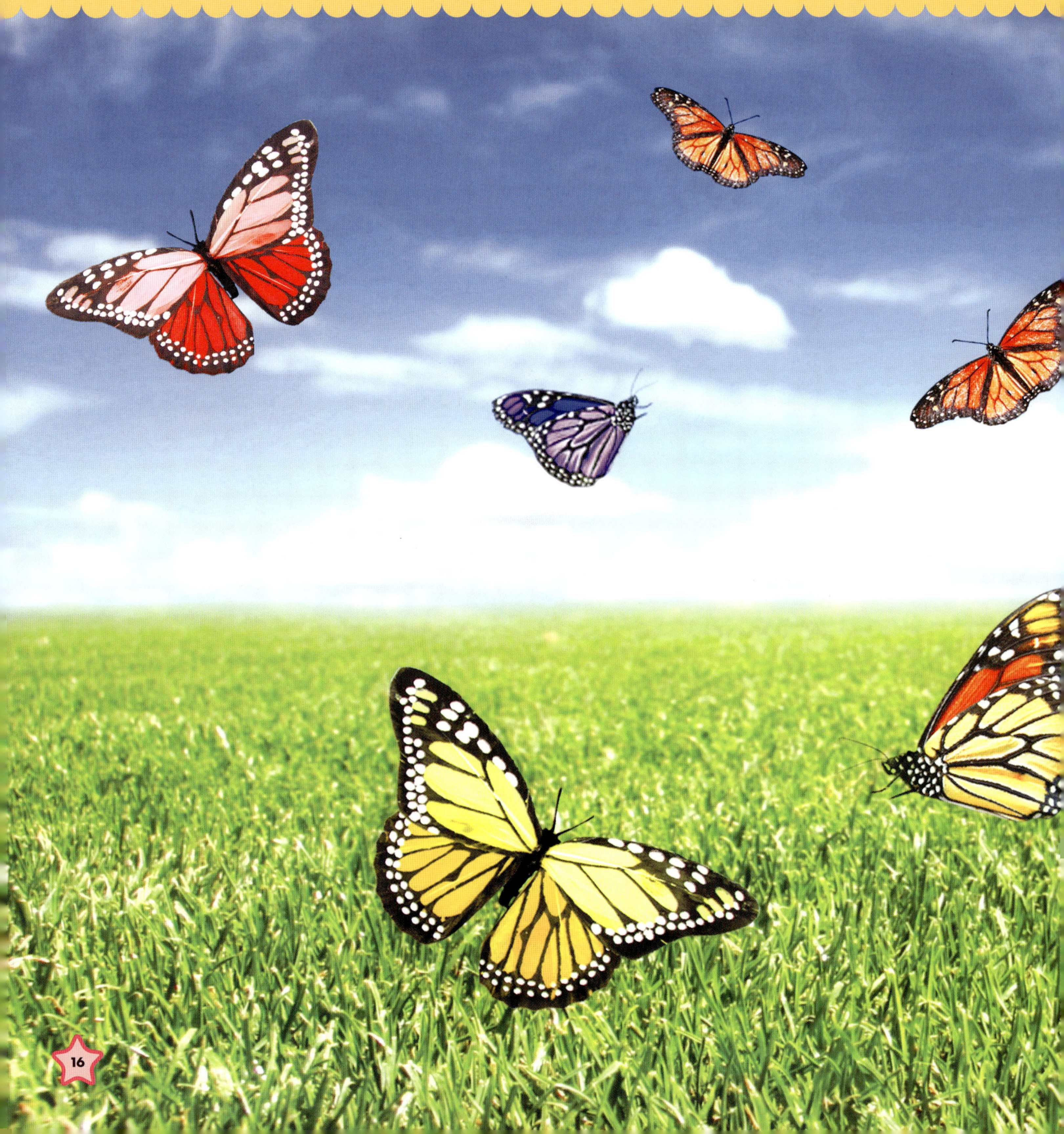

접는 횟수	2번
준비물	정사각형 색종이 1장

어흥! 어흥! 사자

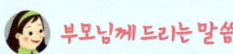 모서리가 잘 맞지 않아도 괜찮아요. "지금까지 본 중에 최고 멋진 사자야." 하고 감탄해 주세요. 성취감을 맛본 아이는 풍부하고 아름다운 정서를 갖게 됩니다.

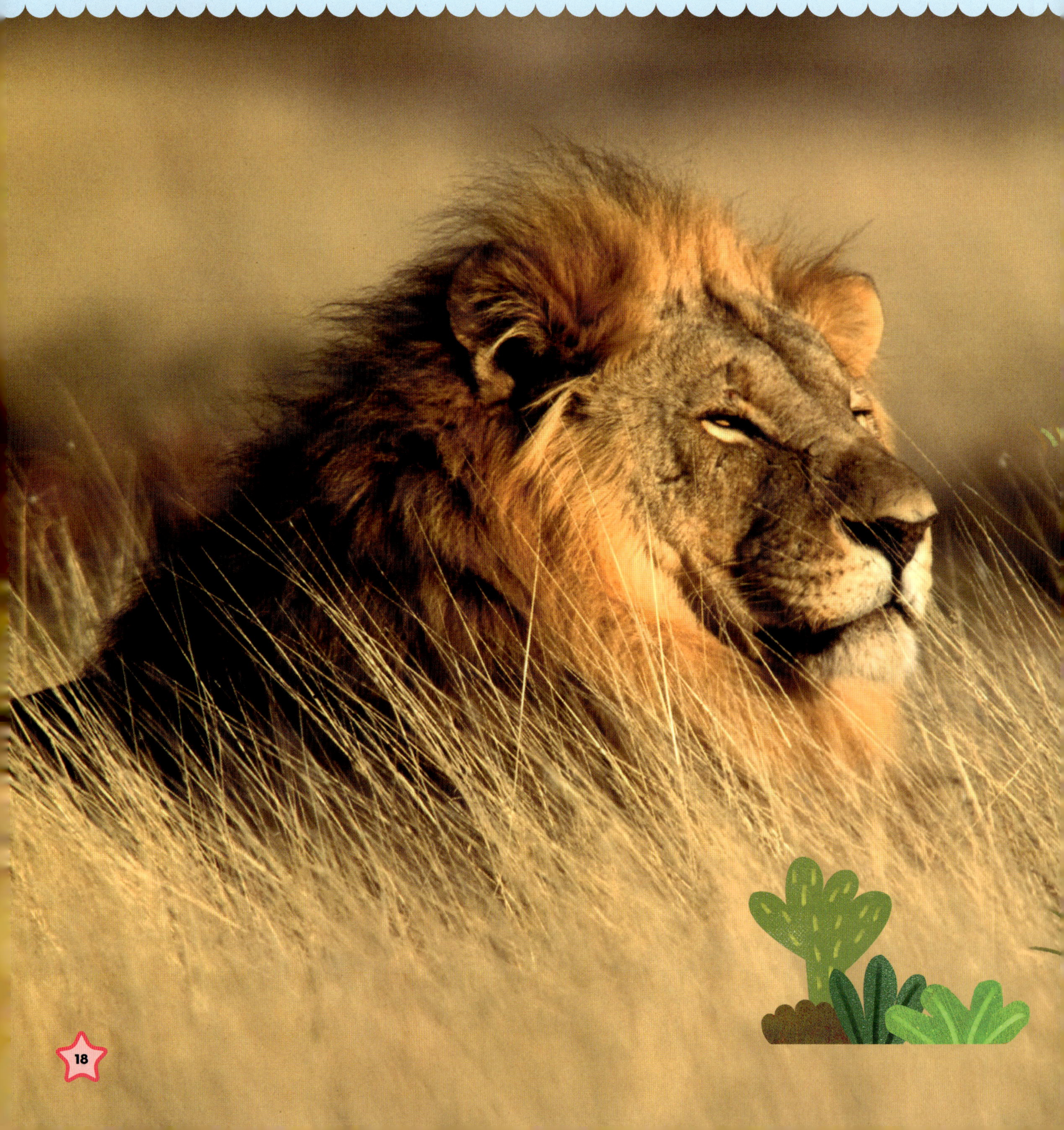

옹기종기 뾰족지붕 집

접는 횟수 3번

준비물 정사각형 색종이 1장

부모님께 드리는 말씀 "모두가 잠든 밤에 지붕 위에서 어떤 신나는 일이 벌어지는지 알고 있니?" 하고 대화를 하면서 상상력과 호기심을 자극해 주세요.

1 네모 색종이를 반으로 접었다가 펴서 가운데 선을 만들어요.

2 위쪽에 있는 두 모서리를 가운데 선에 닿게 접어요.

3 지붕 모양이 삼각형인 집이 완성되었어요.

접는 횟수	3번
준비물	정사각형 색종이 1장

싱싱 냉장고

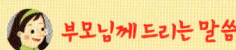 **부모님께 드리는 말씀** 냉장고 문 열고 닫기, 냉장고에 음식 넣기 등을 경험하면서 열림과 닫힘, 안과 밖의 공간 개념을 인식하게 됩니다. 여러 번 반복하면서 놀게 해 주세요.

1 네모 색종이를 반으로 접었다가 펴서 가운데 선을 만들어요.

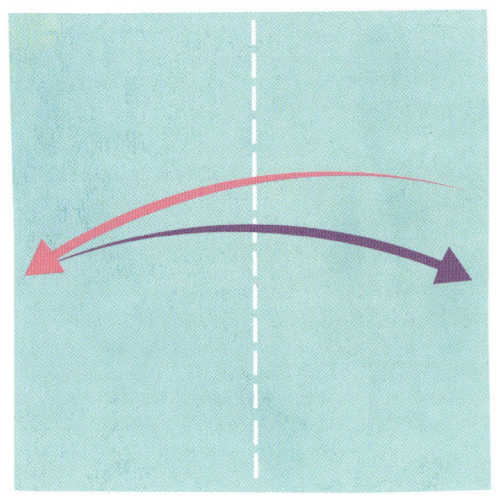

2 마주 보는 변을 가운데 선에 맞춰 접어요.

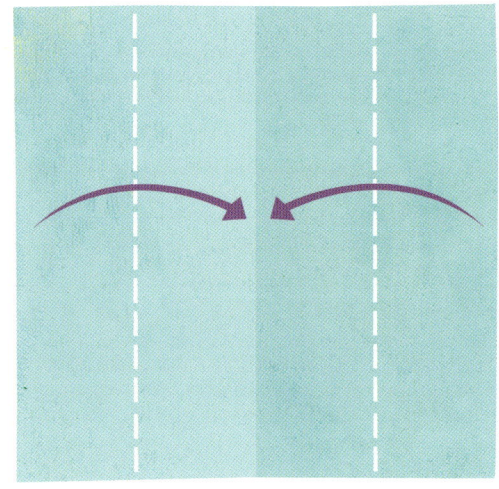

3 양문형 냉장고 완성!

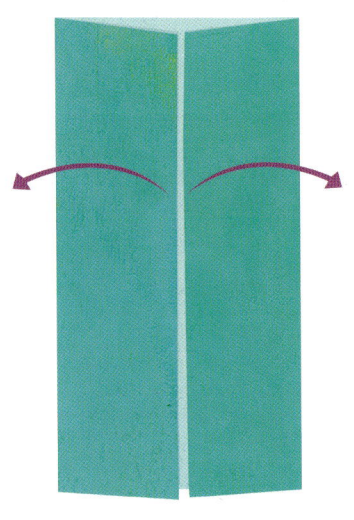  

음식 스티커를 붙이거나
그림을 그려서
빈 냉장고를 채워 주세요.

* 책 맨 뒤에 음식 스티커가 들어 있어요.

폴짝폴짝 메뚜기

접는 횟수 3번

준비물 정사각형 색종이 1장

 부모님께 드리는 말씀   가장 손쉽게 접할 수 있는 부드러운 소재인 종이를 만지고 접는 경험을 통해서 아이는 오랜 후일까지 남는 좋은 정서를 경험할 수 있어요.

1 네모 색종이를 반으로 접어서

2 큰 삼각형을 만들어요.

3 위쪽 한 장만 위로 조금 삐져나오도록 접어 올려요.

4 뒤집은 다음에 아래쪽 선에 맞춰서 똑같이 접어 올려요.

5 메뚜기 완성!

뻐끔뻐끔 물고기

| 접는 횟수 | 3번 |
| 준비물 | 정사각형 색종이 1장 |

부모님께 드리는 말씀 놀이를 하면서 다양한 어휘를 써서 말을 걸어 주세요. 재치 있게 말을 늘어놓을 필요는 없어요. 당장은 이해하지 못해도 언어 구사력이 향상된답니다.

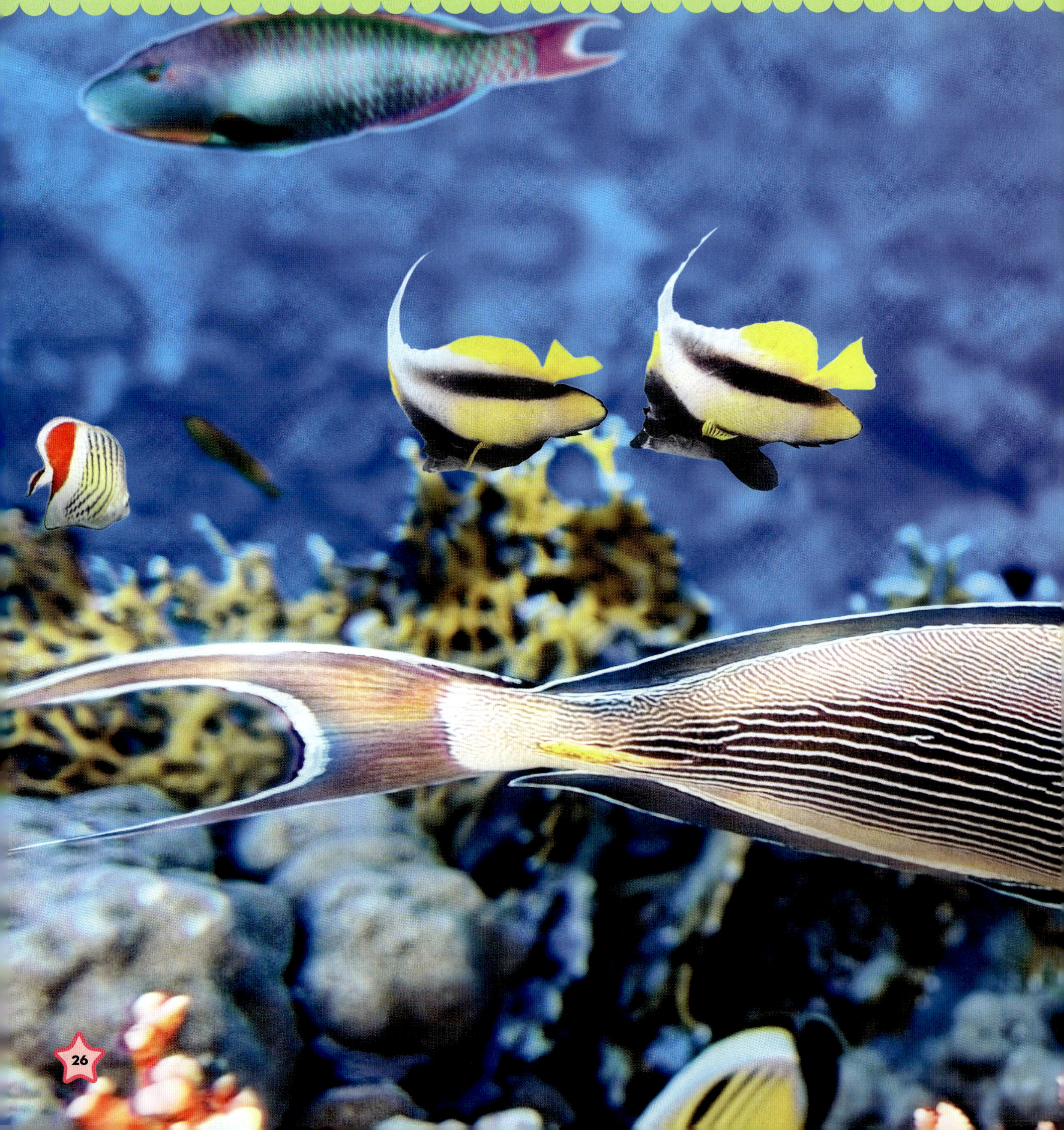

왕관 같은 튤립

접는 횟수: 3번
준비물: 정사각형 색종이 1장

부모님께 드리는 말씀 아이는 엄마가 접는 것을 보고 따라 접으면서 '눈여겨보고' '더 멋있게' 만들고 싶어 합니다. 엄마처럼 안 된다고 짜증을 낼 수도 있어요. 못한 부분을 지적하지 말고 잘 한 부분을 격려해 주세요.

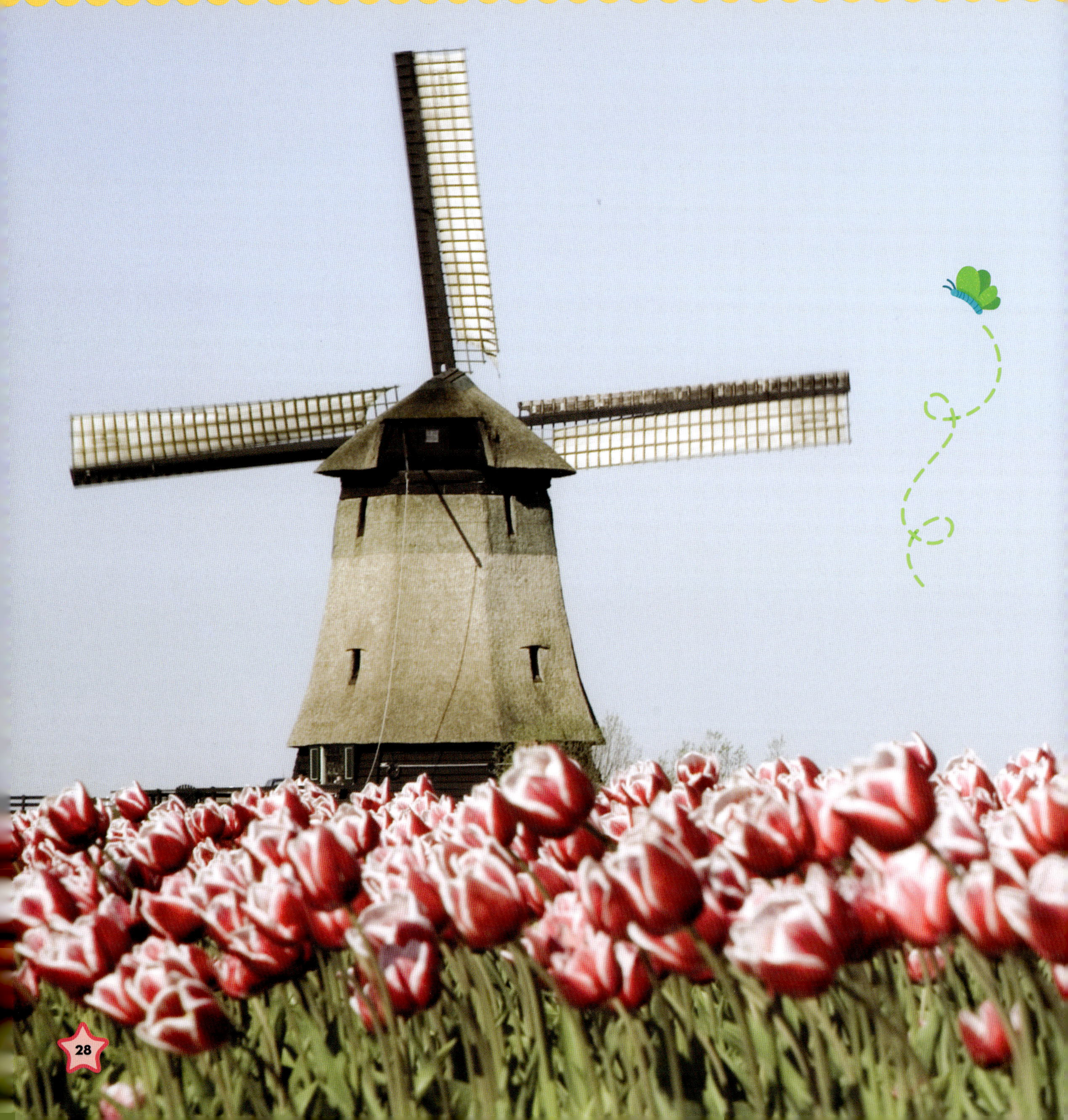

도깨비가 찾아오면?

접는 횟수	3번
준비물	정사각형 색종이 1장

부모님께 드리는 말씀
"도깨비가 찾아오면 어떻게 할 거야?" 하고 물어서 상상력을 자극해 주세요. 아이들의 머릿속에서 그 다음 장면이 연상되면서 꼬리에 꼬리를 무는 말놀이가 이어질 거예요.

1. 네모 색종이를 반으로 접어 내려요.

2. 오른쪽과 왼쪽 모서리를 그림처럼 접어 내려요.

3. 얼굴 스티커를 붙이면 도깨비 완성!

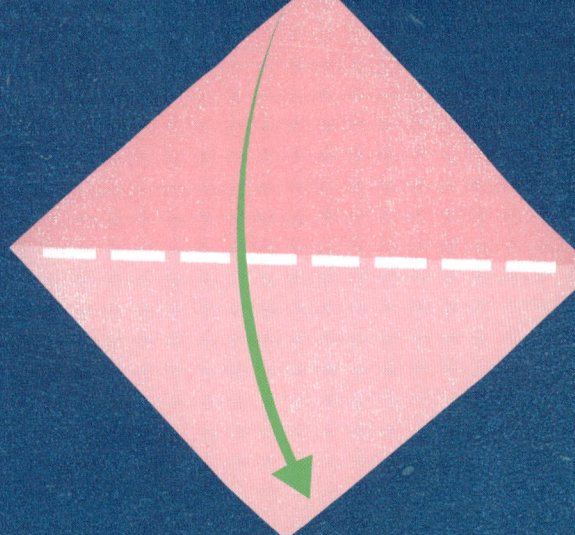

* 위와 아래를 바꾸면 튤립 접기와 똑같아요!
** 책 맨 뒤에 도깨비 얼굴이 들어 있어요.

접는 횟수 **3번**

준비물 **정사각형 색종이 1장**

살살 녹는 아이스크림

부모님께 드리는 말씀 딸기 맛, 오렌지 맛, 망고 맛, 메론 맛, 초콜릿 맛, 바닐라 맛 아이스크림을 각각 어떤 색종이로 접으면 좋을지 물어 보세요. 종이접기를 하면 도형은 물론 색채 인식력도 높아진답니다.

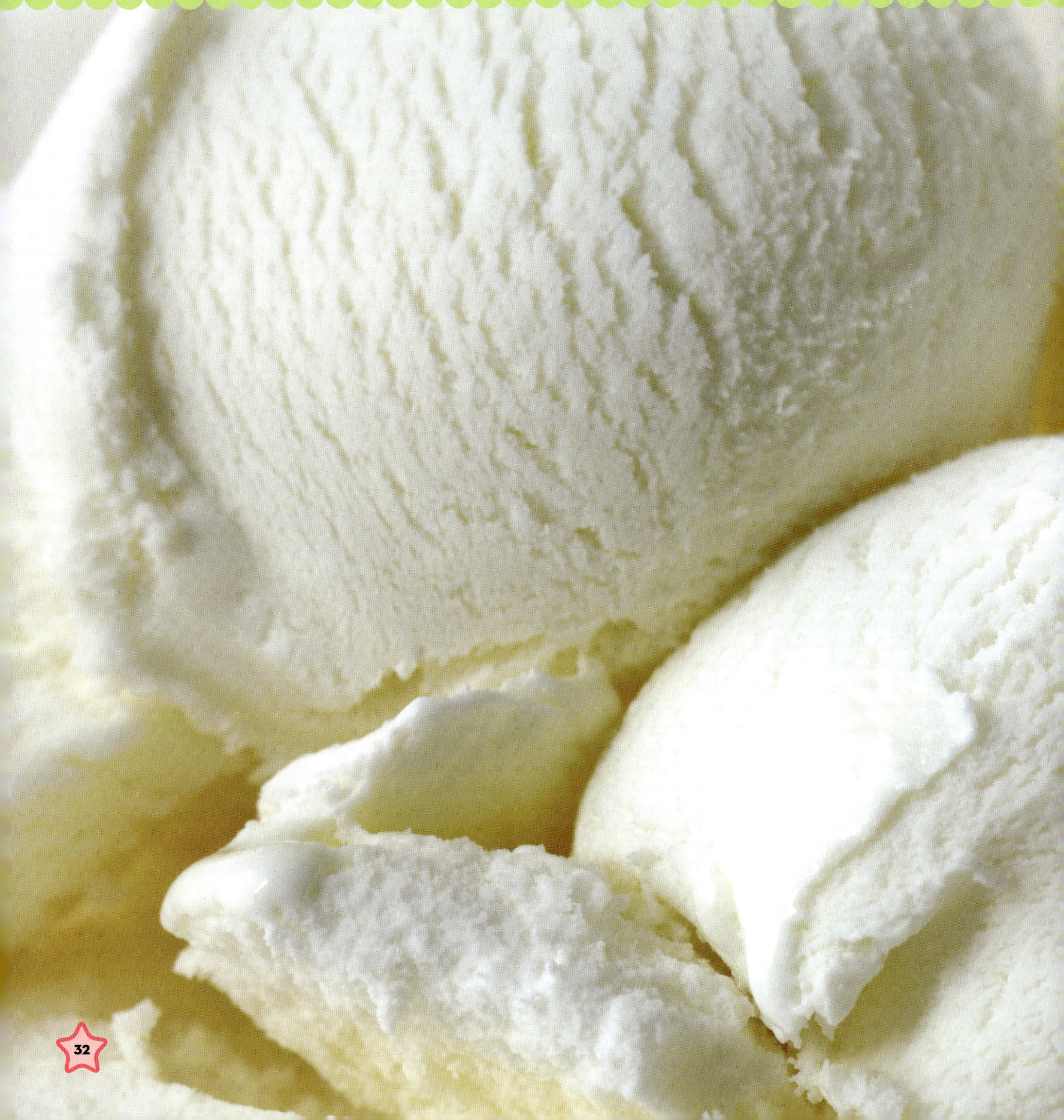

날아라! 로켓

접는 횟수: 4번
준비물: 정사각형 색종이 1장

부모님께 드리는 말씀
위와 아래, 오른쪽과 왼쪽 방향을 아는 것은 아직 어려울 수 있어요. 엄마가 먼저 "위로, 아래로, 오른쪽으로, 왼쪽으로" 하고 말을 하면서 시범을 보여 주세요.

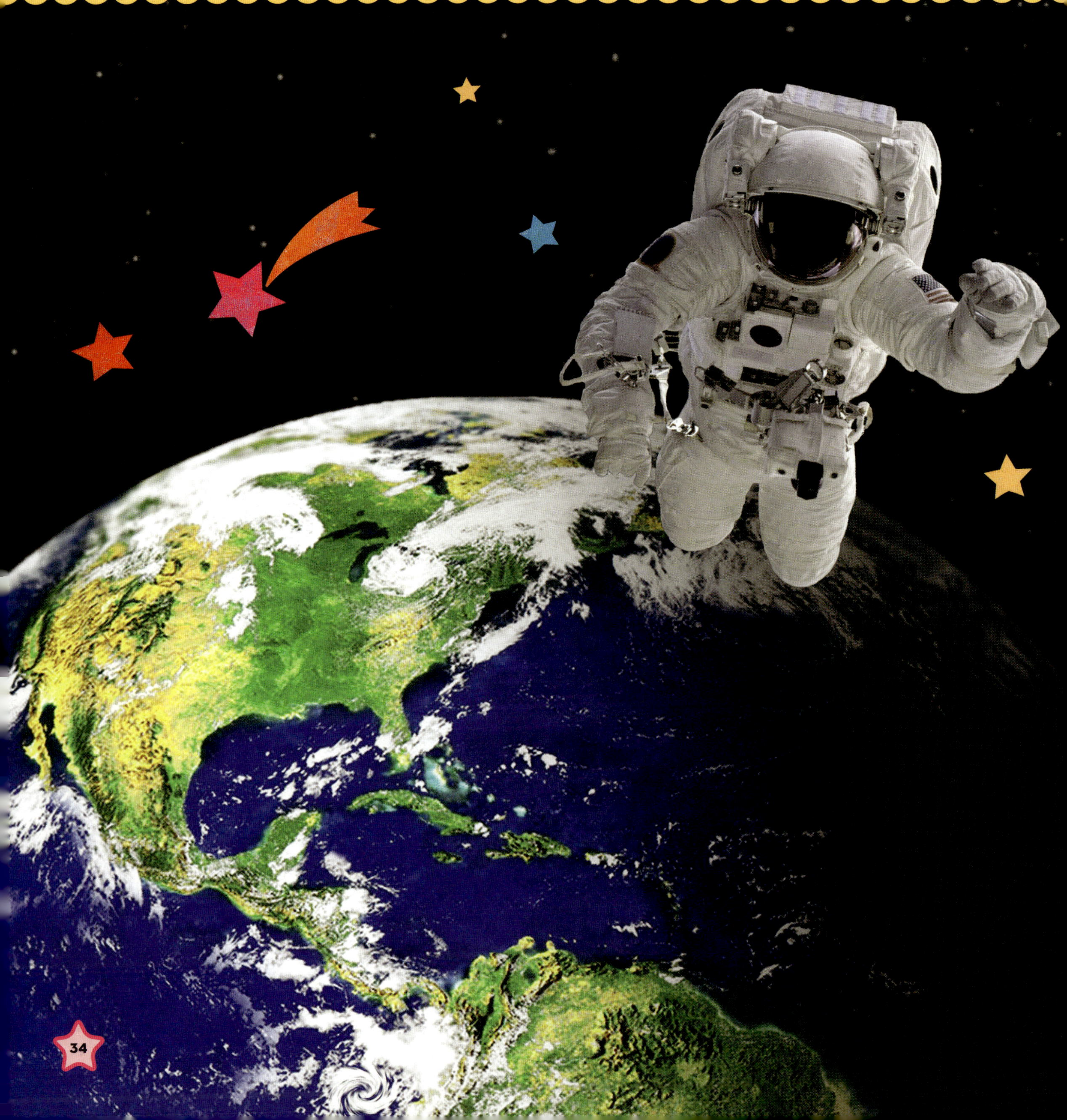

1 네모 색종이를 반으로 접어 내려요.

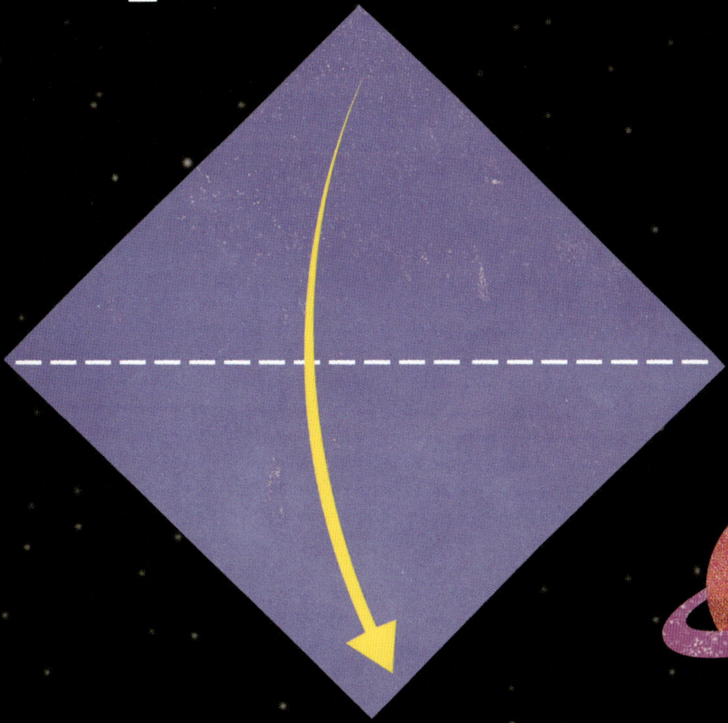

2 큰 삼각형이 되었어요. 다시 반을 접었다 펴서 가운데 선을 만들어요.

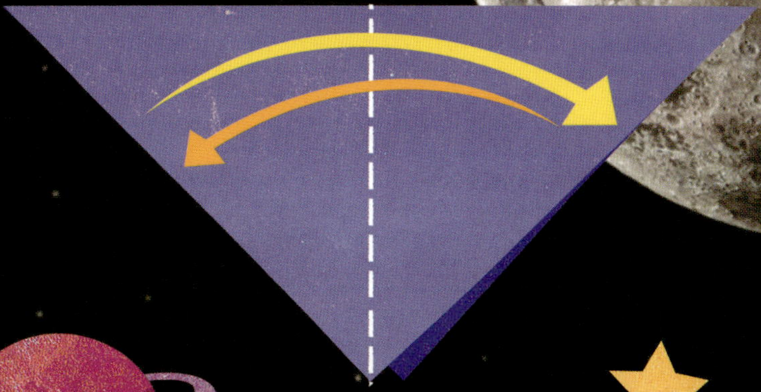

3 오른쪽 모서리를 그림처럼 접어 내려요.

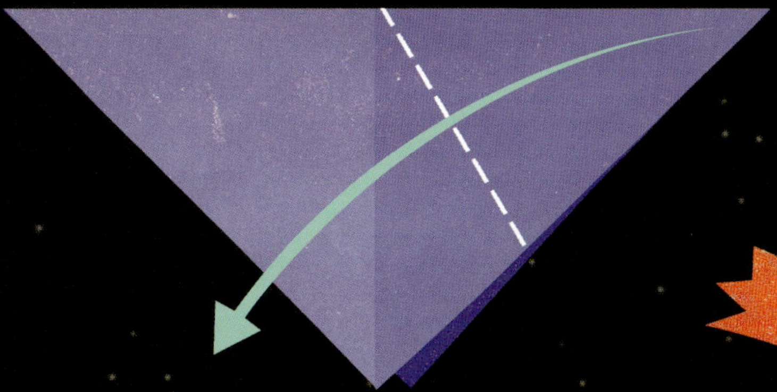

4 왼쪽 모서리도 똑같이 접어 내려요.

5 뒤집으면

6 로켓 완성!

캉캉 여우

접는 횟수 **4번**

준비물 **정사각형 색종이 1장**

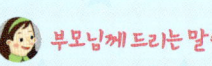 늑대와 마찬가지로 개과의 포유류인 여우는 몸집이 작고 주둥이가 뾰족하면서 길어요. "여우는 어떻게 울까?" 하고 울음소리를 흉내 내면서 접으면 더 신이 나요.

1 네모 색종이를 반으로 접어요.

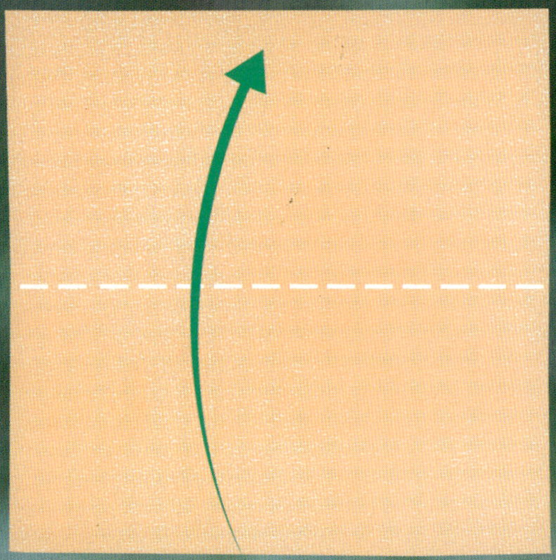

2 다시 반을 접었다 펴서 가운데 선을 만들어요.

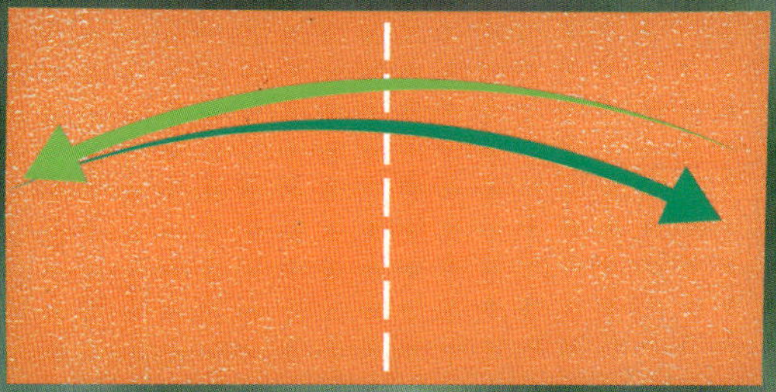

3 그림처럼 오른쪽 모서리를 접어 올려요.

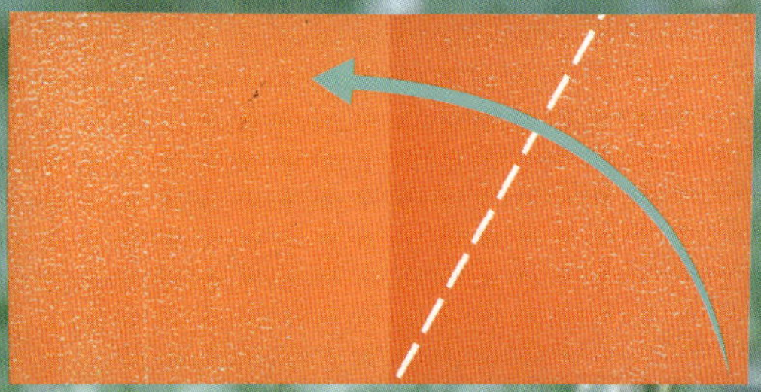

4 왼쪽 모서리도 접어 올려요.

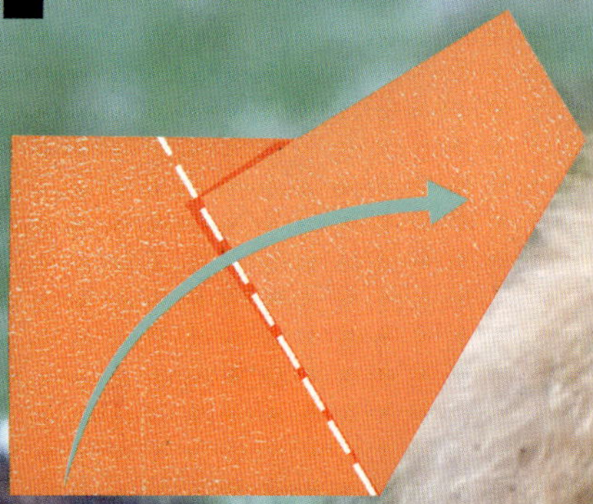

5 뒤집으면 턱이 뾰족한 여우 완성!
눈, 코, 입을 그려 보세요.

음매 음매 송아지

접는 횟수	4번
준비물	정사각형 색종이 1장

부모님께 드리는 말씀 "뾰족하게 튀어나온 점이 꼭짓점이란다" 하고 가르쳐 주세요. 송아지의 얼굴에서 삼각형과 사각형을 찾아보게 하세요.

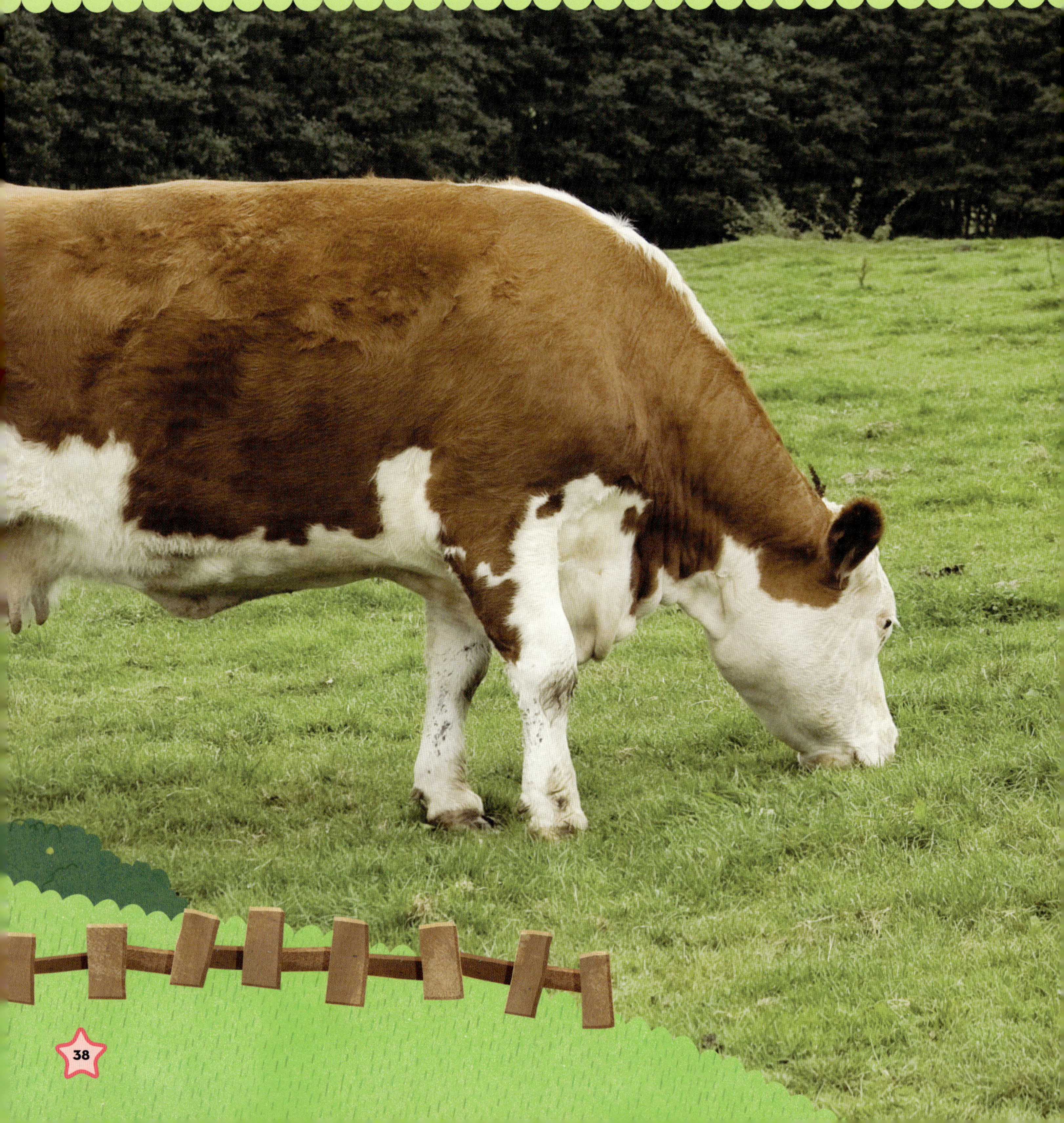

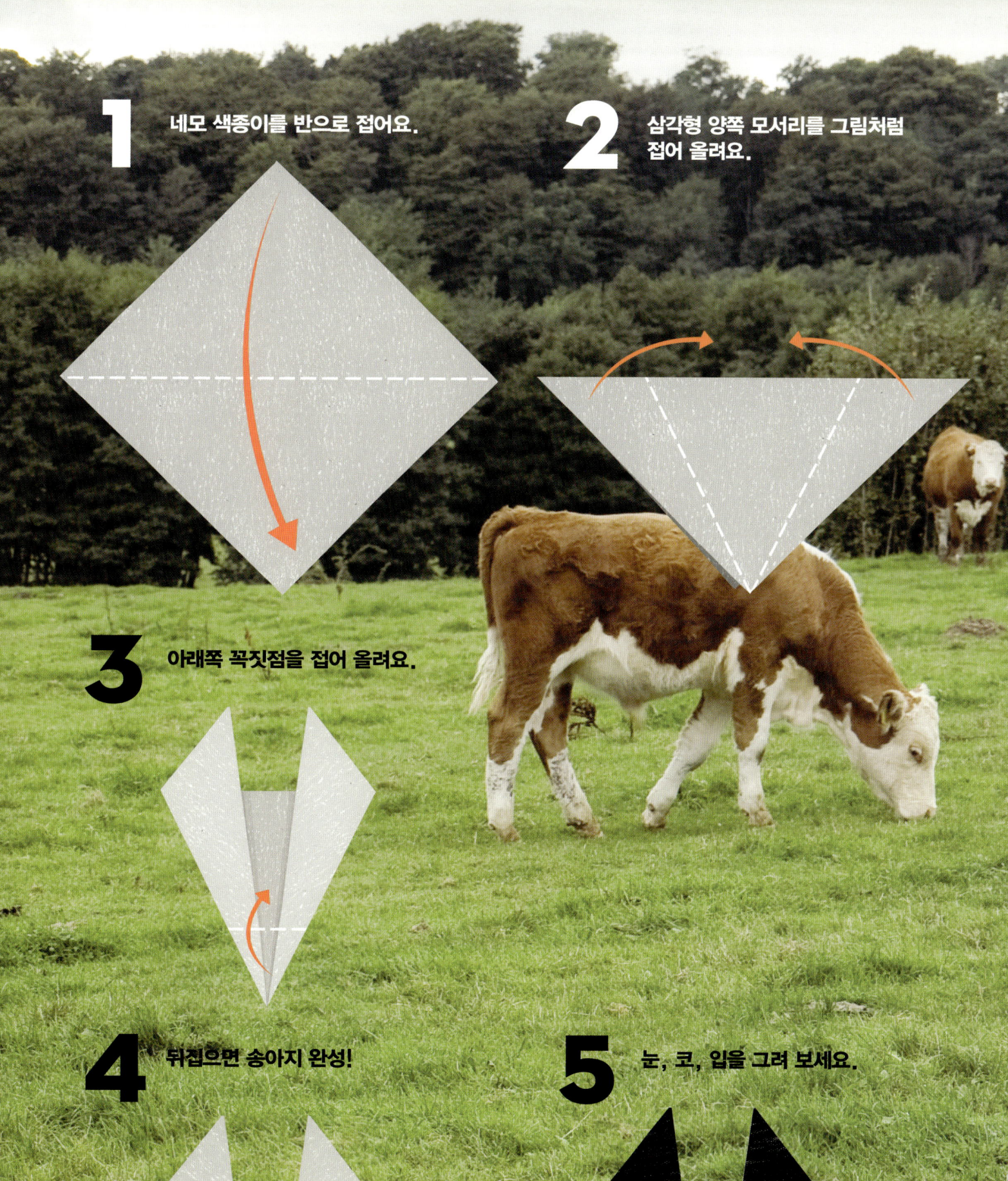

야옹 야옹 고양이

접는 횟수	4번
준비물	정사각형 색종이 1장

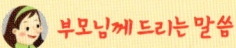 **부모님께 드리는 말씀**
다 접고 나면 눈, 코, 입, 수염 등을 마음껏 그리게 하세요. "얘는 이름이 뭐야?" "친구도 있어?" 하고 아이와 대화를 나누면서 하면 더욱 즐거워요.

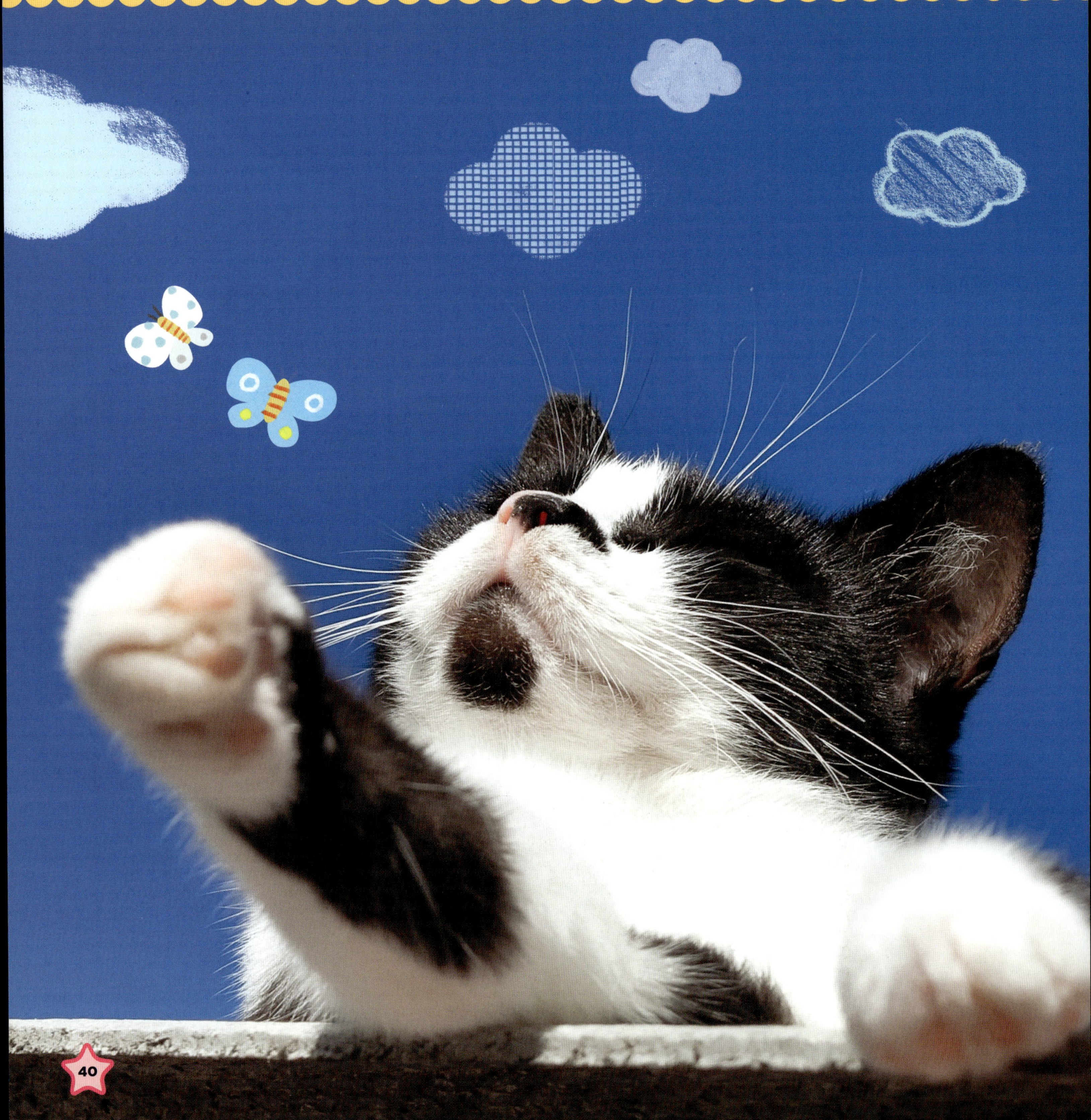

1 네모 색종이를 반으로 접어서 큰 삼각형을 만들어요.

2 위 꼭짓점에서 두 장을 같이 아래쪽으로 접어서 사다리꼴 모양을 만들어요.

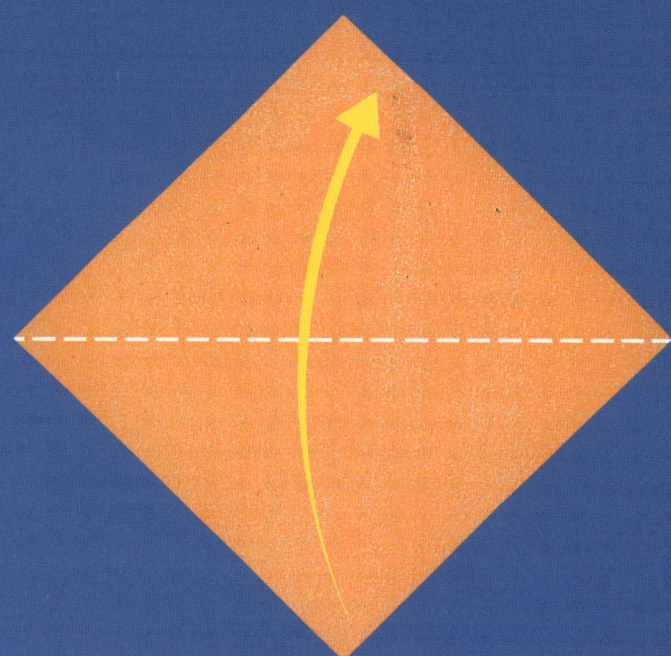

3 양쪽 모서리를 위로 접어 올려요.

4 뒤집어 주세요.

5 귀여운 고양이 얼굴이 완성되었어요. 눈, 코, 입과 수염을 그려 보세요.

접는 횟수 **4번**

준비물 **정사각형 색종이 1장**

번쩍 번쩍 왕관

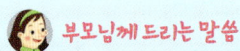 접은 왕관은 스티커로 마음껏 꾸미게 해 주세요. 아이의 머리 둘레에 맞춰 2cm 정도 폭으로 종이를 잘라서 끈을 만들어 붙이면 머리에 쓸 수 있어요.

1 네모 색종이를 반으로 접어서 큰 삼각형을 만들어요.

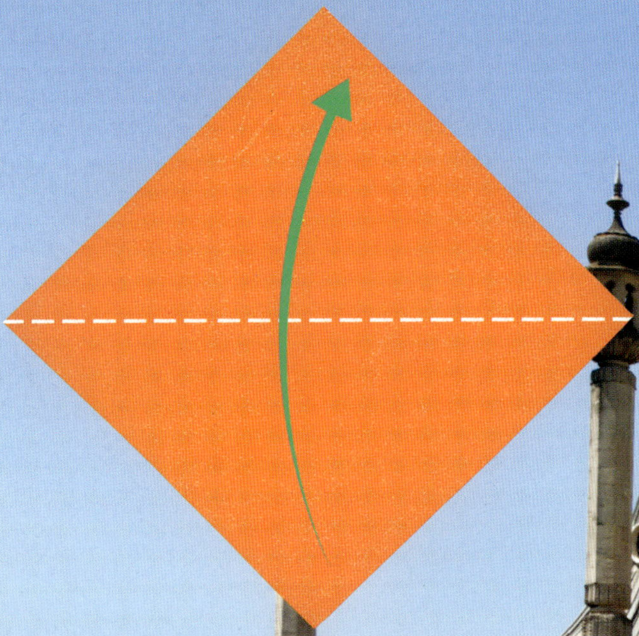

2 양쪽 모서리를 위로 접어 올려서 튤립 모양을 만들어요.

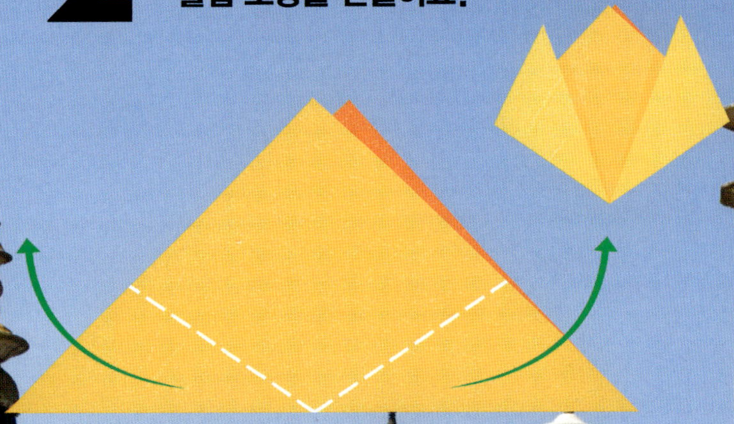

하얀 쪽배 초승달

접는 횟수 4번

준비물 정사각형 색종이 1장

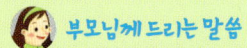 부모님께 드리는 말씀
"푸른 하늘 은하수 하얀 쪽배에" 하고 노래를 부르며 아이의 흥미를 불러일으켜 주세요. 아이는 더 신나게 종이접기에 몰두한답니다.

1 네모 색종이를 반으로 접어서 큰 삼각형을 만들어요.

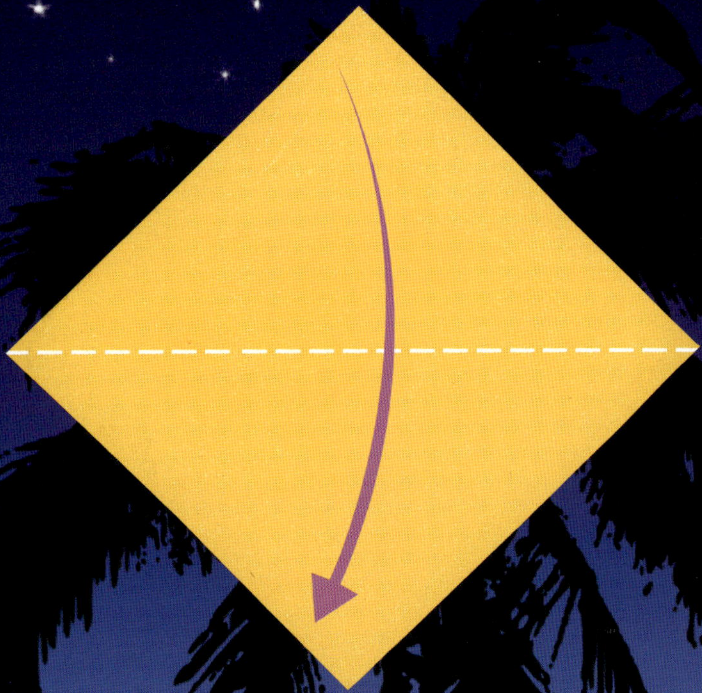

2 아래쪽 꼭짓점이 윗변 위로 튀어나오게 두 장을 같이 접어 올려요.

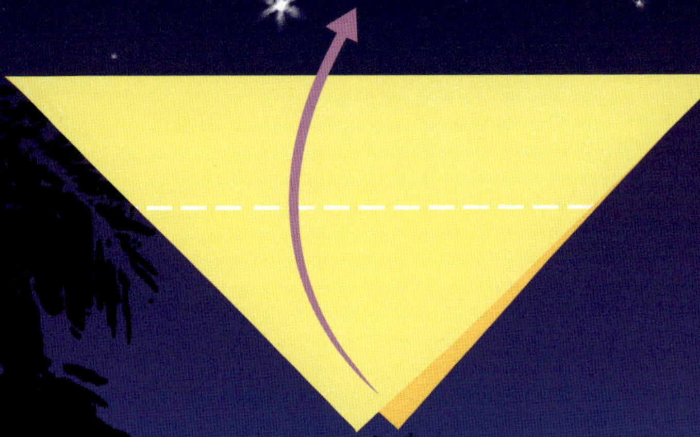

3 양쪽 모서리를 비스듬히 접어 올려요.

4 뒤집어요.

5 초승달이 완성되었어요.

꿈틀꿈틀 달팽이

접는 횟수 4번
오리는 횟수 1번
준비물 정사각형 색종이 1장

부모님께 드리는 말씀 가위로 오리는 부분은 엄마가 해주세요. 가위를 사용하지 않고 손으로 살짝 찢게 해도 재미있고 소근육 발달에 좋아요.

1 네모 색종이를 반으로 접어서 큰 삼각형을 만들어요.

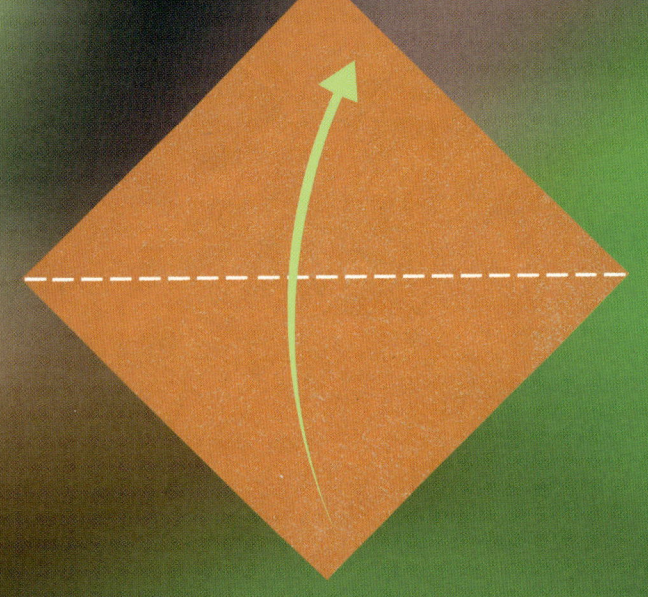

2 왼쪽 모서리를 비스듬히 접어 올려요. 오른쪽 모서리를 한 번은 산 모양으로 다음은 골짜기 모양으로 계단 접기를 해요.

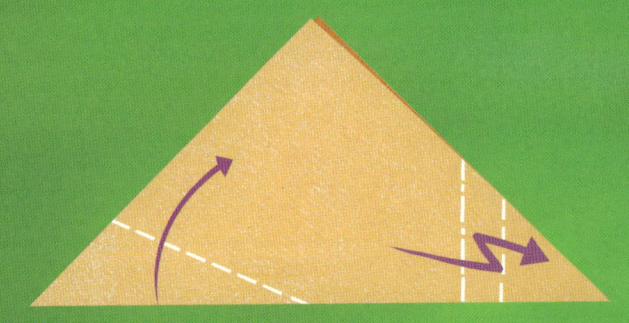

3 왼쪽 끝 부분에 살짝 가위집을 넣은 후, 뒷장을 뒤쪽으로 접어요.

4 달팽이 완성!

접는 횟수	5번
준비물	정사각형 색종이 1장

멍멍 강아지

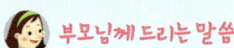 부모님께 드리는 말씀
"귀를 접어서 내리자" "턱을 접어서 올리자" 하고 또박또박 분명하게 말해 주세요. 내리고 올리는 방향을 익힐 수 있어요.

1 네모 색종이를 반으로 접어요.

2 삼각형 양쪽 모서리 부분을 접어 내려서 처진 귀를 만들어요.

3 아래쪽 모서리 부분을 접어 올려서 양증맞은 턱을 만들어요.

4 이때 뒷장은 뒤로 산 모양 접기를 해요.

5 눈, 코, 입을 그리면 귀여운 강아지 완성!

48

바다의 왕자 고래

접는 횟수 5번

준비물 정사각형 색종이 1장

부모님께 드리는 말씀 종이접기는 상상력을 길러주는 자유로운 표현활동이지만 규칙이 있어요. 산 모양 접기, 골짜기 모양 접기처럼 반복해서 나오는 기본 규칙을 잘 이해시켜 주세요.

1 네모 색종이를 반으로 접어서 큰 삼각형을 만들어요.

2 아래쪽 모서리에 겹쳐진 두 겹의 종이 앞장은 골짜기 모양 접기를 하고 뒷장은 산 모양 접기를 해요.

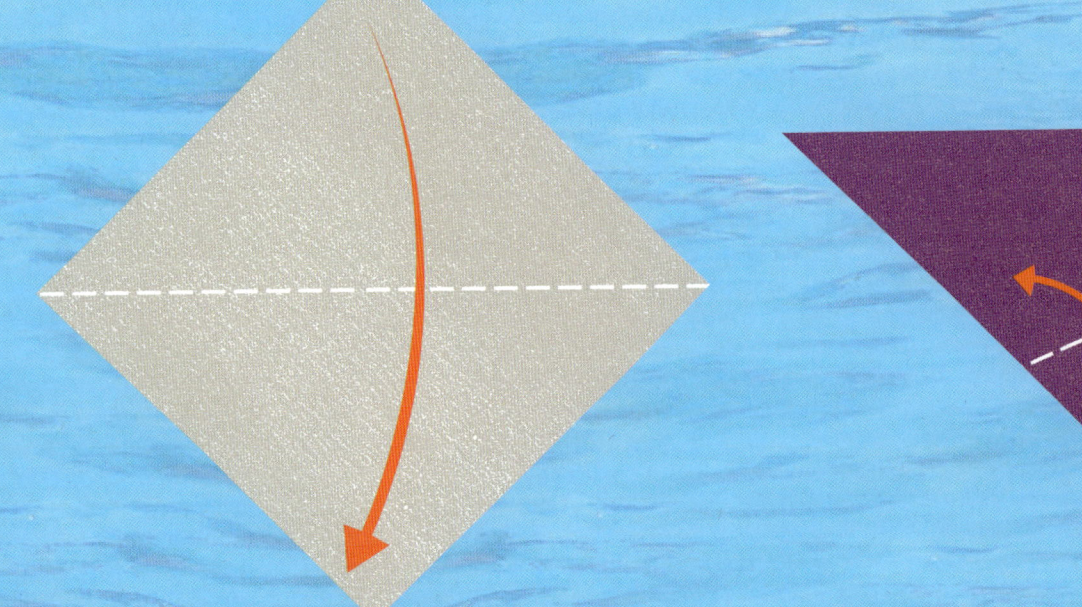

3 왼쪽과 오른쪽 모서리를 모두 산 모양 접기를 해요.

4 눈과 입, 그리고 배에 주름을 그리면 고래 완성!

접는 횟수	5번
준비물	정사각형 색종이 2장

반짝반짝 작은 별

부모님께 드리는 말씀 "반짝 반짝 작은 별 아름답게 비치네. 서쪽 하늘에서도 동쪽 하늘에서도 반짝 반짝 작은 별 아름답게 비치네." 하고 노래를 부르며 아이의 흥미를 불러일으켜 주세요. 아이는 더 신나게 종이접기에 몰두한답니다.

1 네모 색종이를 2장 준비해 주세요. 먼저 색종이 1장을 위와 아래 꼭짓점이 만나게 접어서 큰 삼각형을 만들어요.

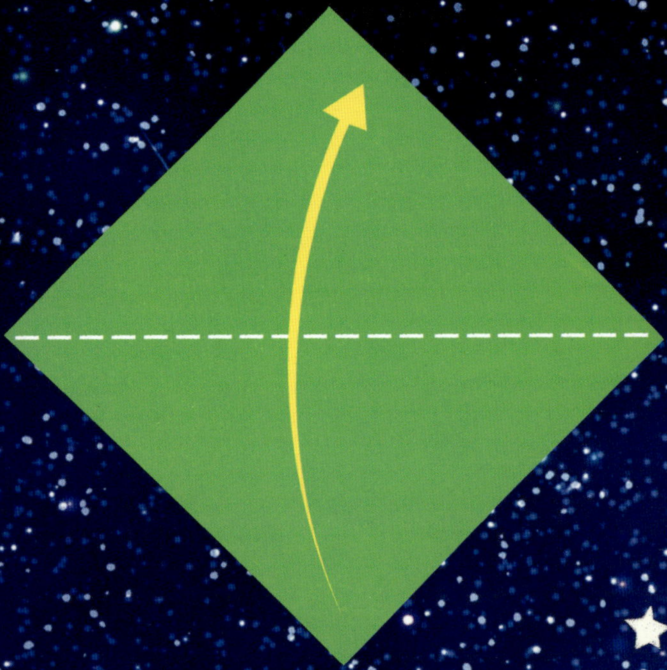

2 오른쪽과 왼쪽 꼭짓점이 만나게 접으면 별 윗부분 완성.

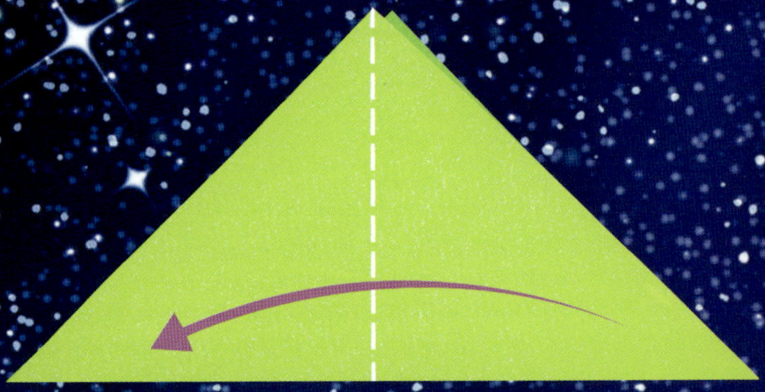

3 다른 1장도 똑같이 접어서 작은 삼각형을 만든 다음

4 색종이 한 겹만 두 변이 서로 닿게 그림처럼 접어요.

5 별 아랫부분 완성.

6 먼저 만들어 놓은 윗부분을 풀로 붙이면 별 완성!

포롱포롱 작은 새

접는 횟수	5번
준비물	정사각형 색종이 1장

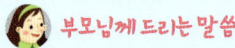 **부모님께 드리는 말씀**
지지배배, 짹짹, 교교 등 새가 지저귀는 소리도 다양해요. 여러 가지 색종이로 많이 접어서 저마다 다른 새 소리를 흉내 내는 놀이를 해 보세요.

1 마주 보는 오른쪽과 왼쪽 꼭짓점이 만나게 반으로 접어요.

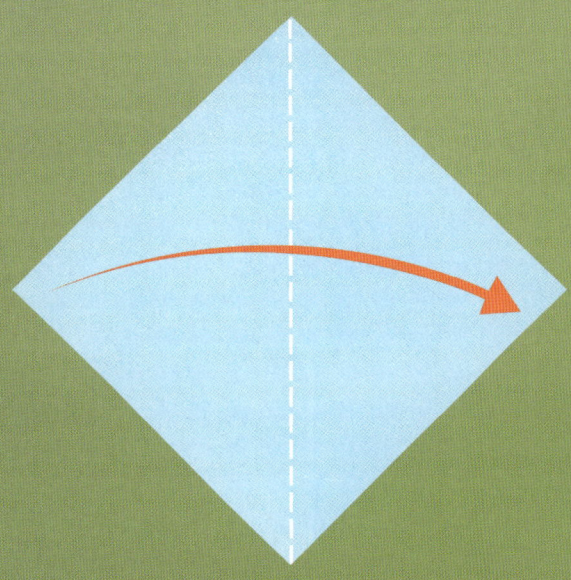

2 앞 장을 그림처럼 왼쪽으로 접어요.

3 위와 아래 꼭짓점이 만나게 반으로 접어 내려요.

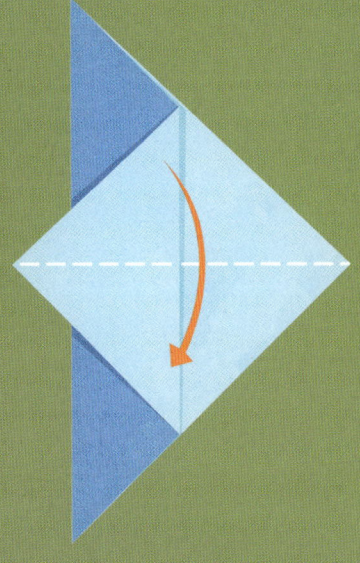

4 아래쪽에 겹쳐진 종이 앞장은 골짜기 모양, 뒷장은 산 모양으로 비스듬히 접어 올려요.

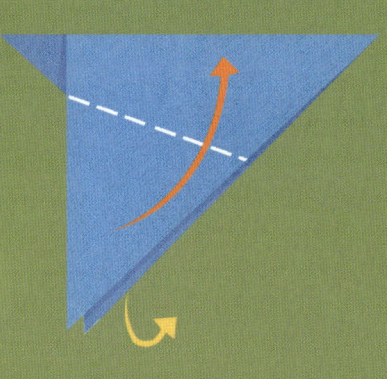

5 포롱포롱 날갯짓하는 작은 새가 완성되었어요.

접는 횟수 5번

준비물 정사각형 색종이 1장

백조의 호수

 부모님께 드리는 말씀

백조가 호수에서 헤엄치는 모습은 여유롭고 우아하지만 수면 아래에서는 물갈퀴를 쉴 새 없이 젓고 있어요. 사진을 보면서 눈에 보이지 않는 부분에 대해서도 알려주면 아이들의 생각이 확장된답니다.

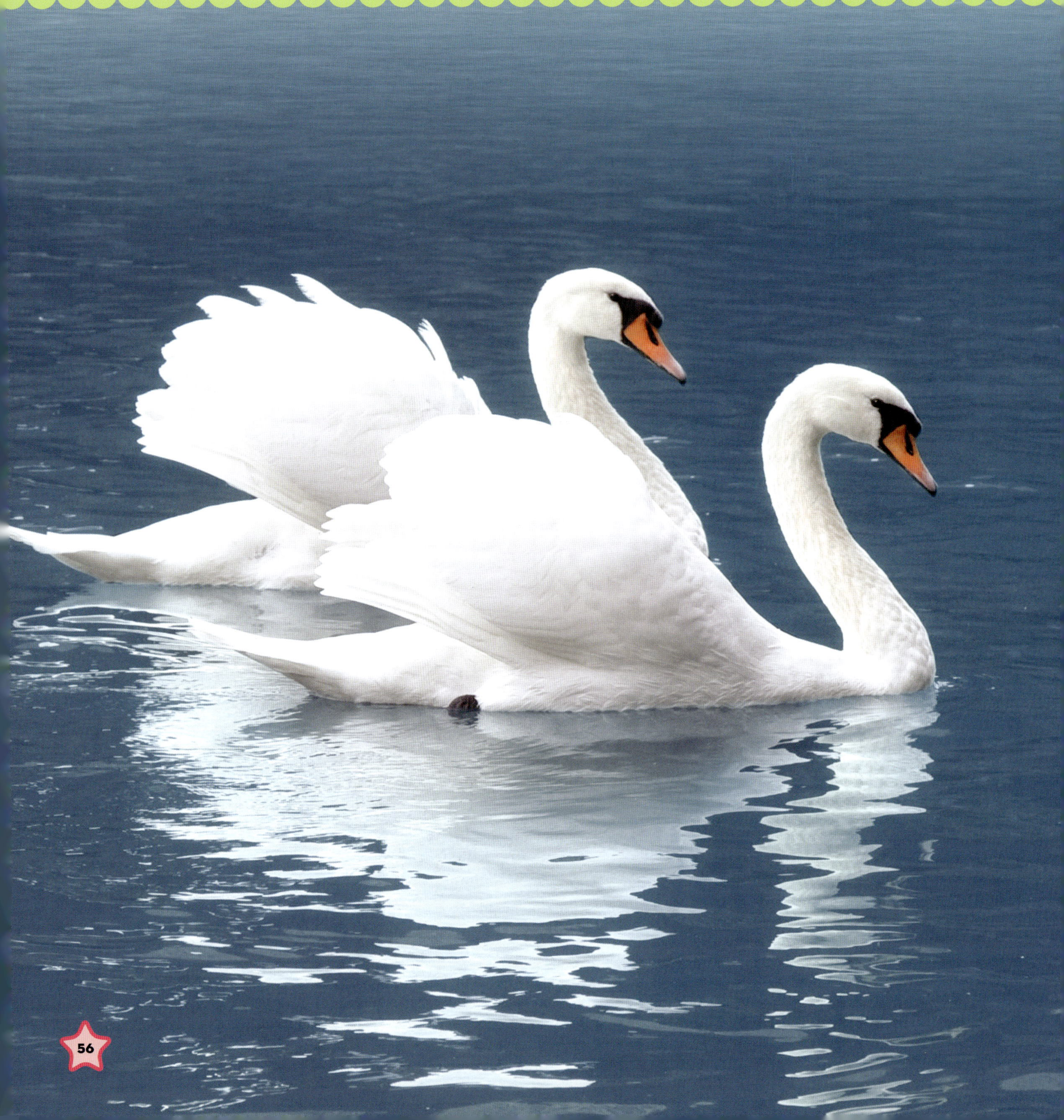

1 마주 보는 오른쪽과 왼쪽 꼭짓점이 만나게 반으로 접어요.

2 앞장은 그림처럼 골짜기 모양 접기를 하고, 뒷장은 산 모양 접기를 해요.

3 아랫부분을 비스듬히 접어 올려요.

4 윗부분을 비스듬히 접어 내려요.

5 유유히 헤엄치는 백조가 완성되었어요.

쓱쓱 요트

접는 횟수 5번

준비물 정사각형 색종이 1장

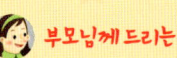 요트는 돛을 달아서 바람의 힘으로 움직이는 작은 배예요. 노를 저어서 움직이는 배는 보트라고 하지요.

1 네모 색종이를 접었다 펴서 가운데 선을 만들어요.

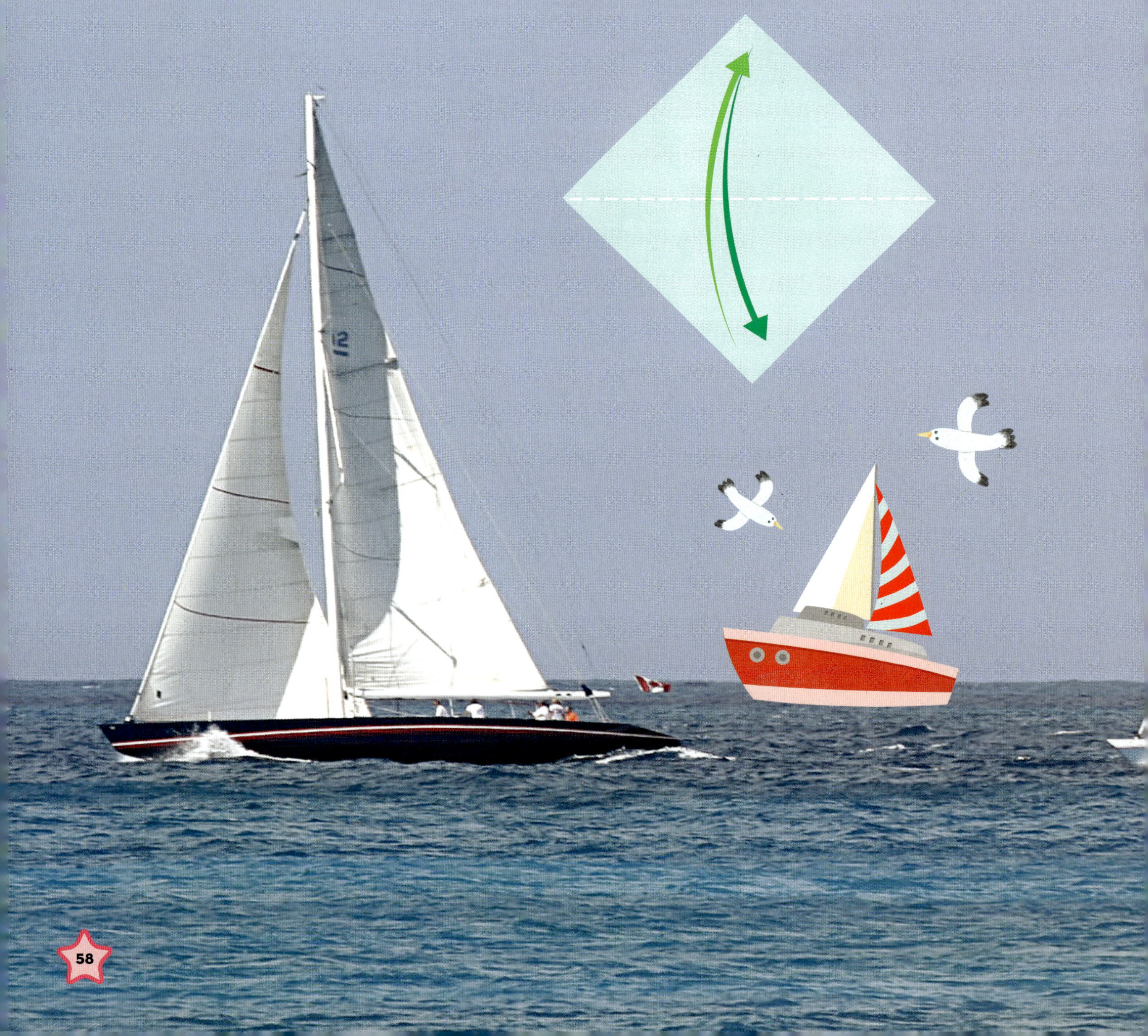

2 아래쪽 꼭짓점이 가운데 선에 닿게 접어 올려요.

3 왼쪽 꼭짓점과 오른쪽 꼭짓점이 만나게 산 모양 접기를 해요.

4 주머니에 손가락을 넣어 펼치면서 모서리를 잡아 왼쪽으로 넘기듯 접어요.

5 요트 완성!

깡충깡충 토끼

접는 횟수 5번
준비물 정사각형 색종이 1장

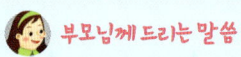 정사각형을 돌리면 마름모예요. 마름모는 위와 아래 꼭짓점, 오른쪽과 왼쪽 꼭짓점이 서로 마주 보고 있어요.

1 마주 보는 위와 아래 꼭짓점이 만나게 반으로 접어서 큰 삼각형을 만들어요.

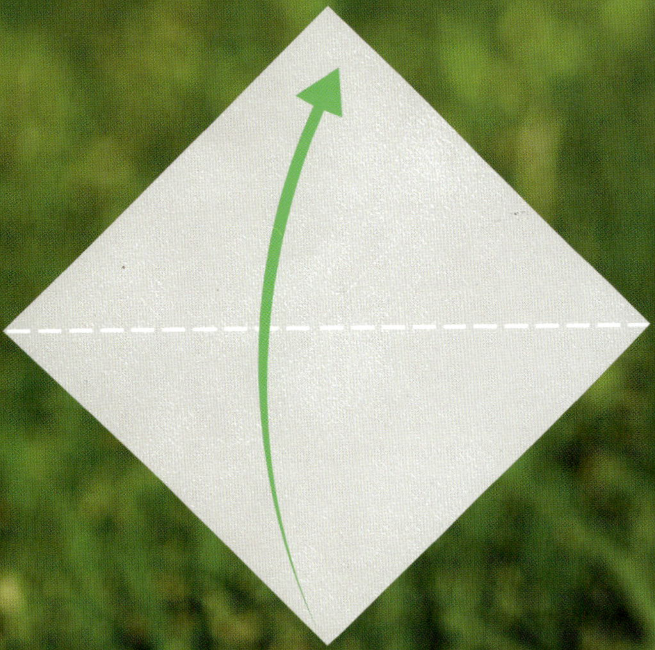

2 삼각형 아랫변을 조금 접어서 올려요.

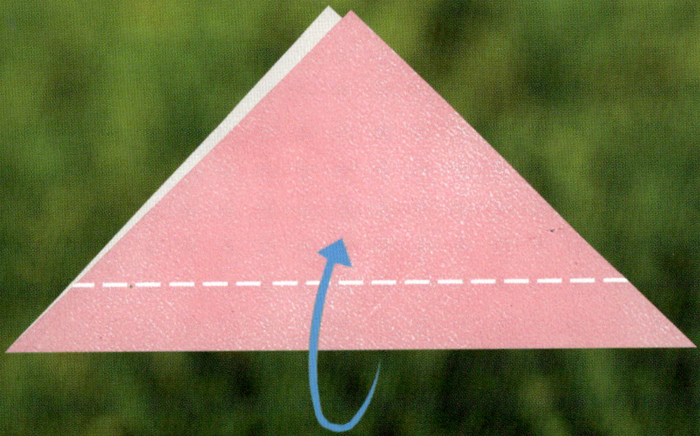

3 아랫변을 반으로 접었다 펴서 그림처럼 양 모서리를 접어요.

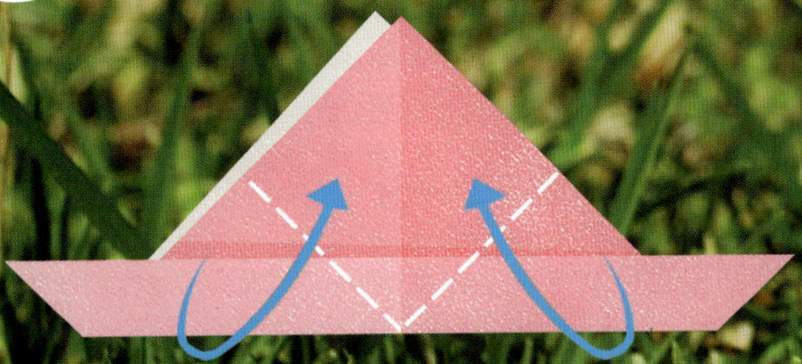

4 뒤집어서

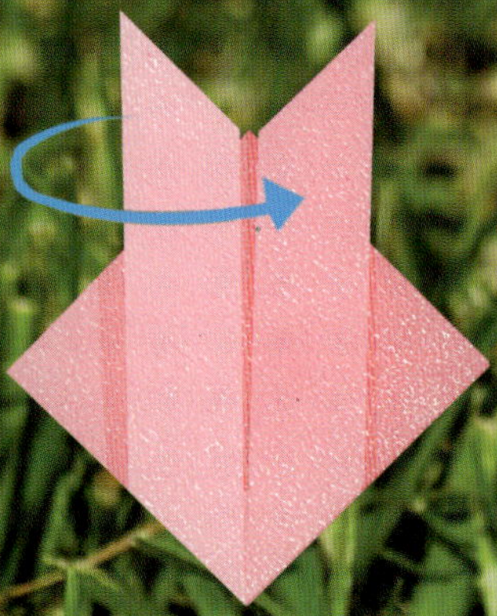

5 마름모 위쪽 꼭짓점 부분을 그림처럼 산 모양 접기를 해요.

6 눈, 코, 입을 그려 보세요. 토끼 완성!

코가 손 코끼리

접는 횟수 6번
계단접기 횟수 3번
준비물 정사각형 색종이 1장

부모님께 드리는 말씀
"코끼리 아저씨는 코가 손이래 과자를 주면은 코로 받지요." 하고 동요를 부르면서 접으면 더 재미있어요. 손으로 코를 만들어 과자를 집는 흉내도 내어 봅니다.

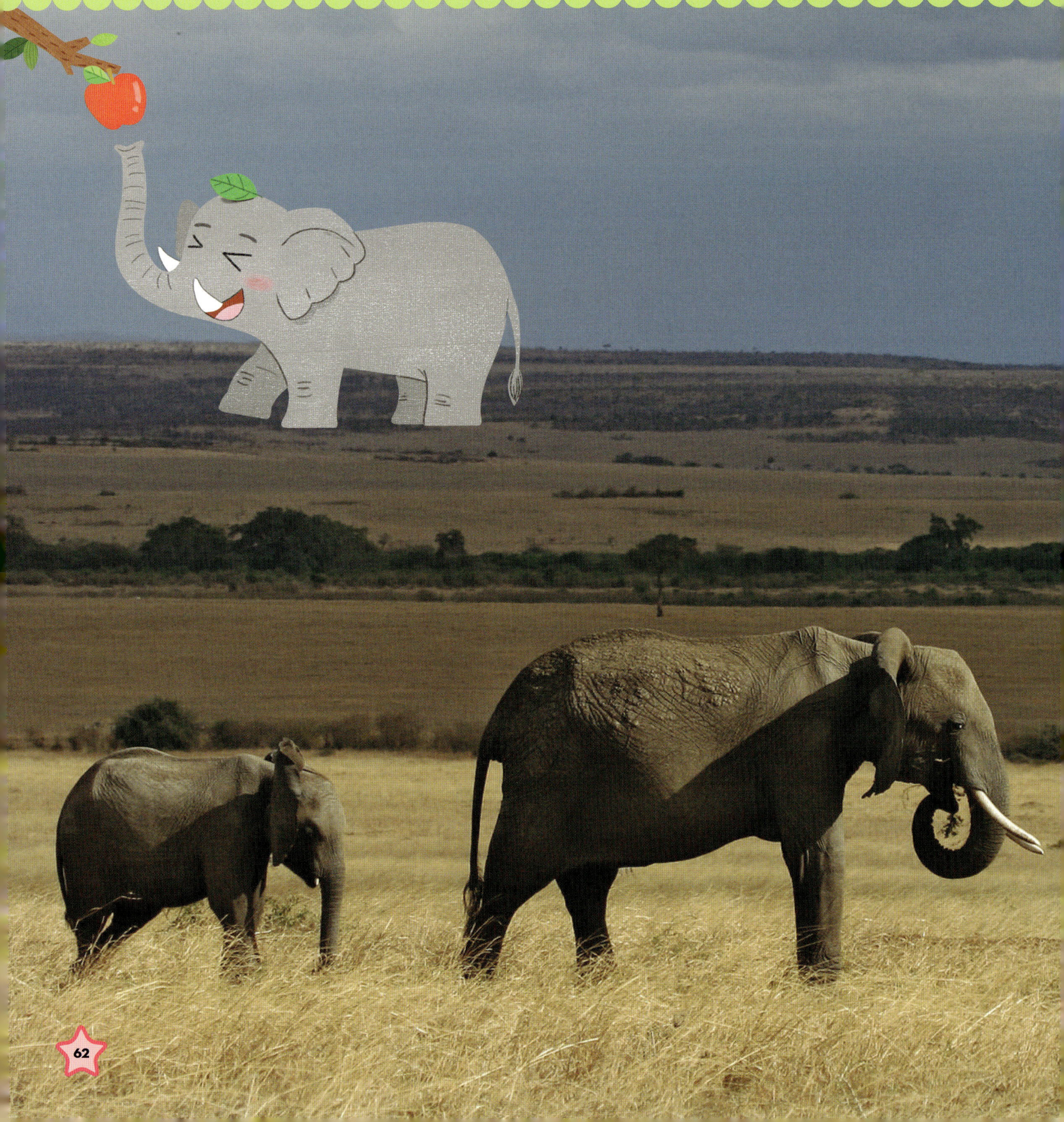

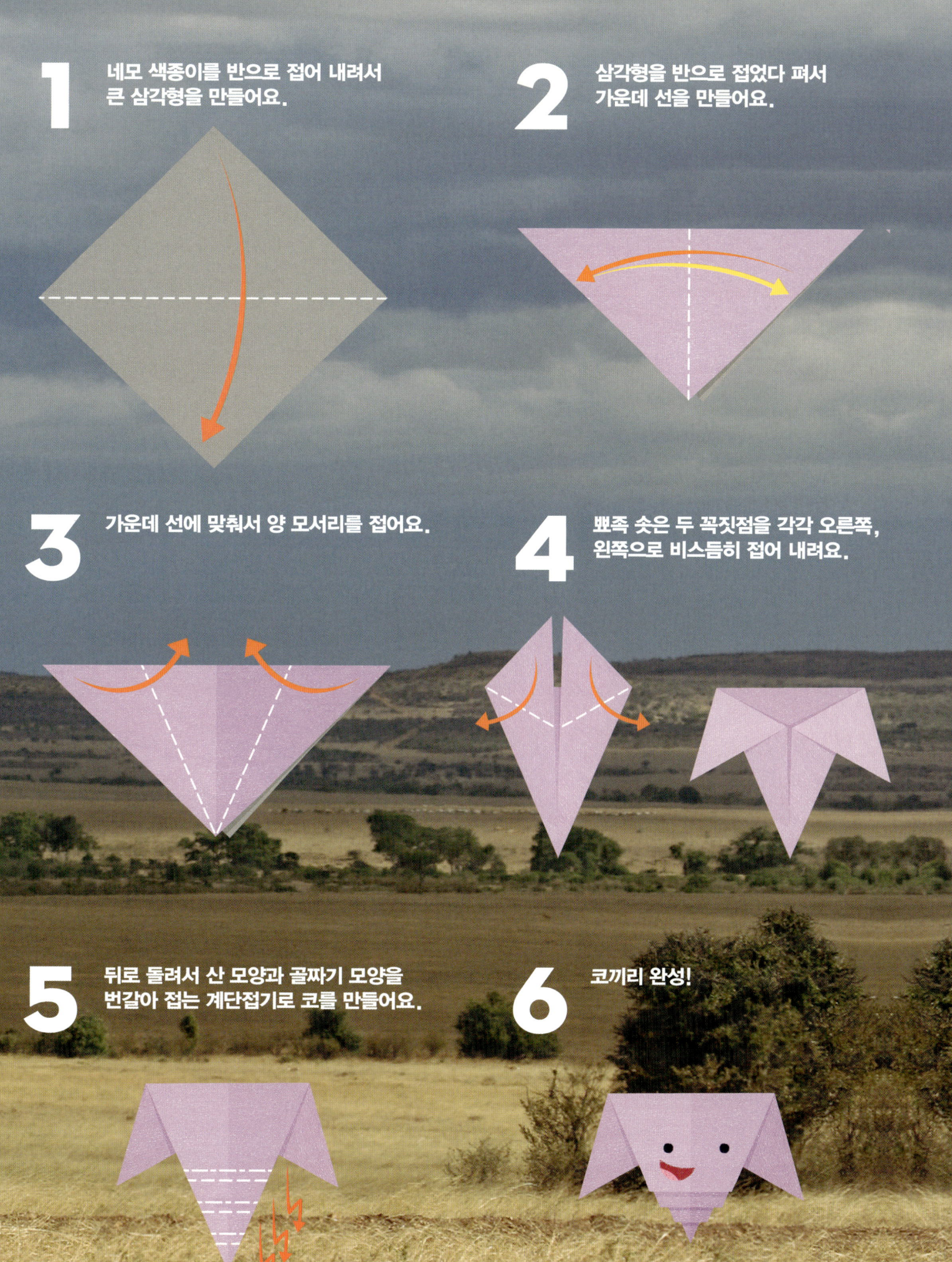

접는 횟수	7번
준비물	정사각형 색종이 1장

코가 반짝 루돌프 사슴

부모님께 드리는 말씀 공간 인지 능력을 키우려면 공간 개념을 인식하는 것이 매우 중요해요. 종이접기를 하면서 점, 선, 면 등 유클리드적 공간 개념과 위치, 방향, 거리 등 위상학적 공간 개념을 인식할 수 있어요.

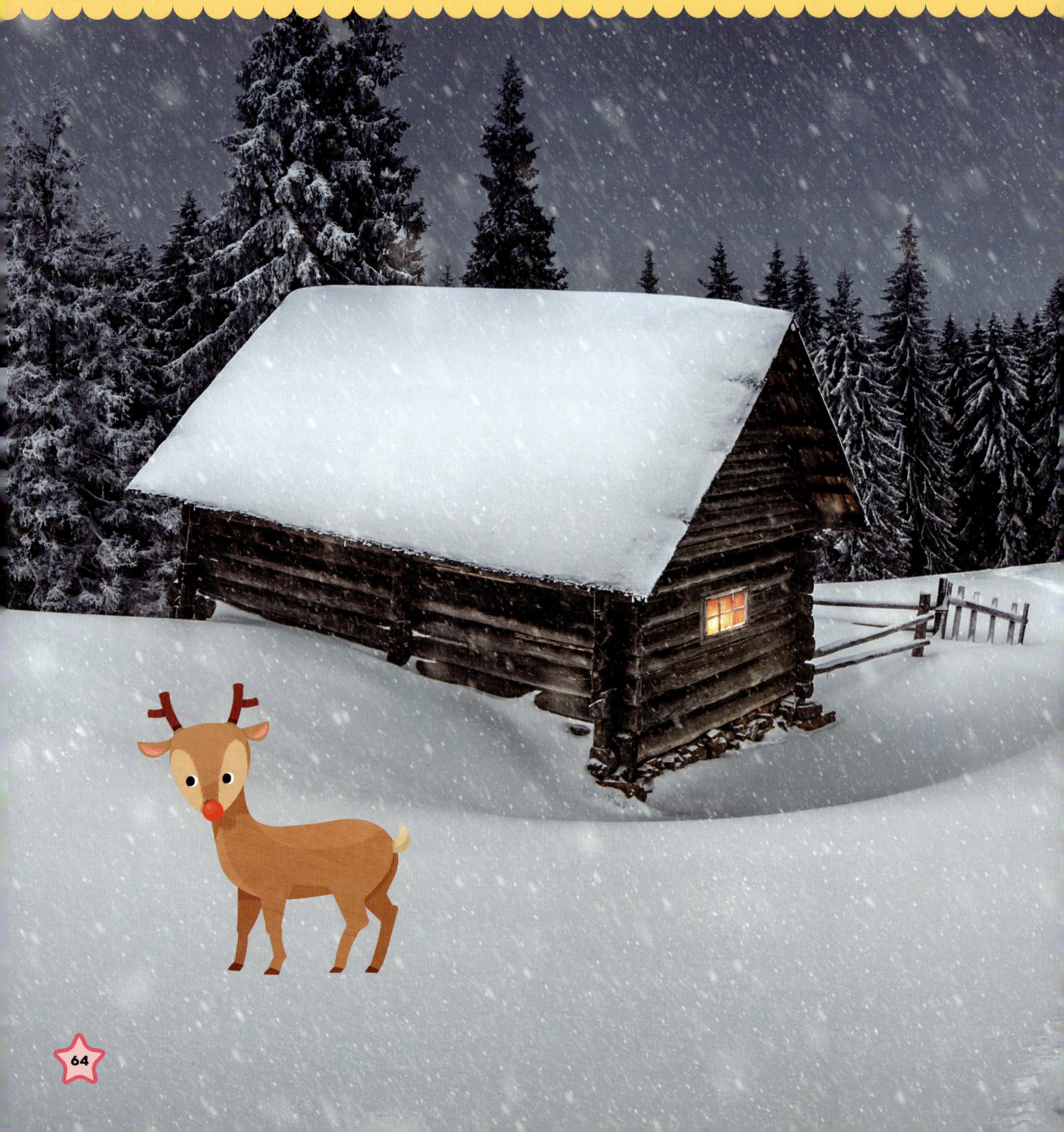

떴다 떴다 비행기

접는 횟수 **7번**

준비물 **직사각형 색종이 1장**

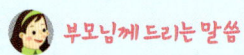 부모님께 드리는 말씀 높이 날리기, 멀리 날리기 등 다양한 규칙을 만들어서 비행기 날리기 놀이를 하면 더욱 재미있어요.

1 직사각형 색종이를 반으로 접어요.

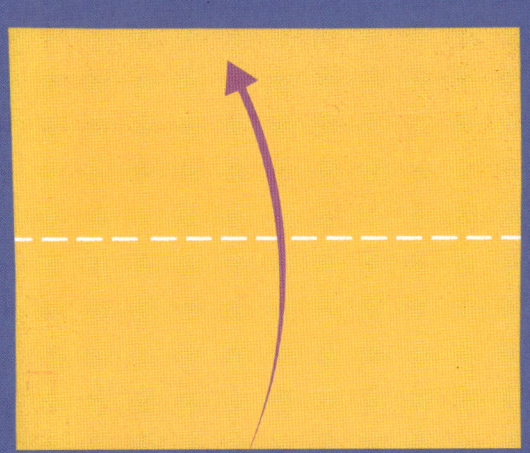

* 정사각형 색종이를 한쪽만 잘라 내면 직사각형이 됩니다. 책 맨 뒤에 직사각형 색종이가 들어 있어요.

2 앞장은 골짜기 모양 접기를 하고 뒷장은 산 모양 접기를 해요.

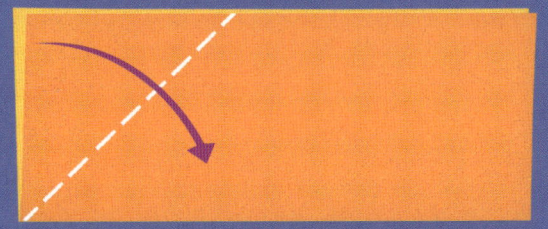

3 다시 그림처럼 앞장은 골짜기 모양 접기를 하고 뒷장은 산 모양 접기를 해요.

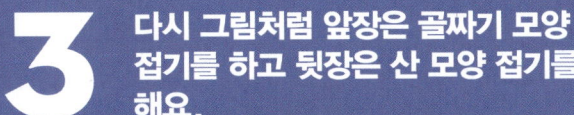
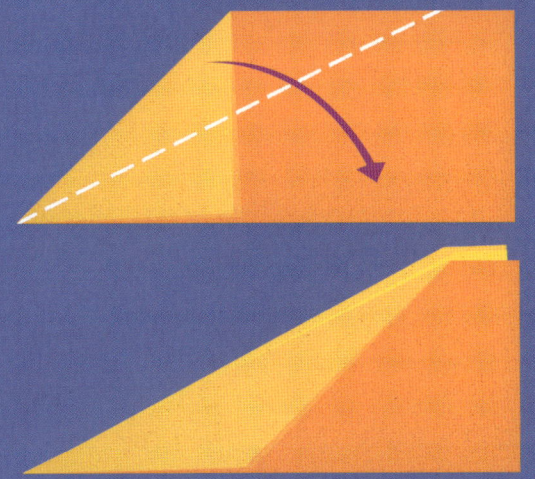

4 한 번 더 앞장은 골짜기 모양 접기를 하고 뒷장은 산 모양 접기를 해요.

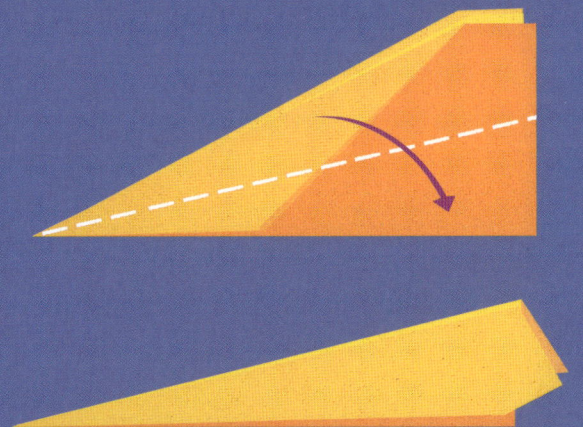

5 비행기 완성!

개굴개굴 개구리

접는 횟수	8번
준비물	정사각형 색종이 1장

부모님께 드리는 말씀 정사각형은 위와 아래, 오른쪽과 왼쪽 변이 서로 마주 보고 있어요. 마주 보는 변이 만나게 접으면 두 변 사이의 길이를 2등분 하는 선이 생겨요.

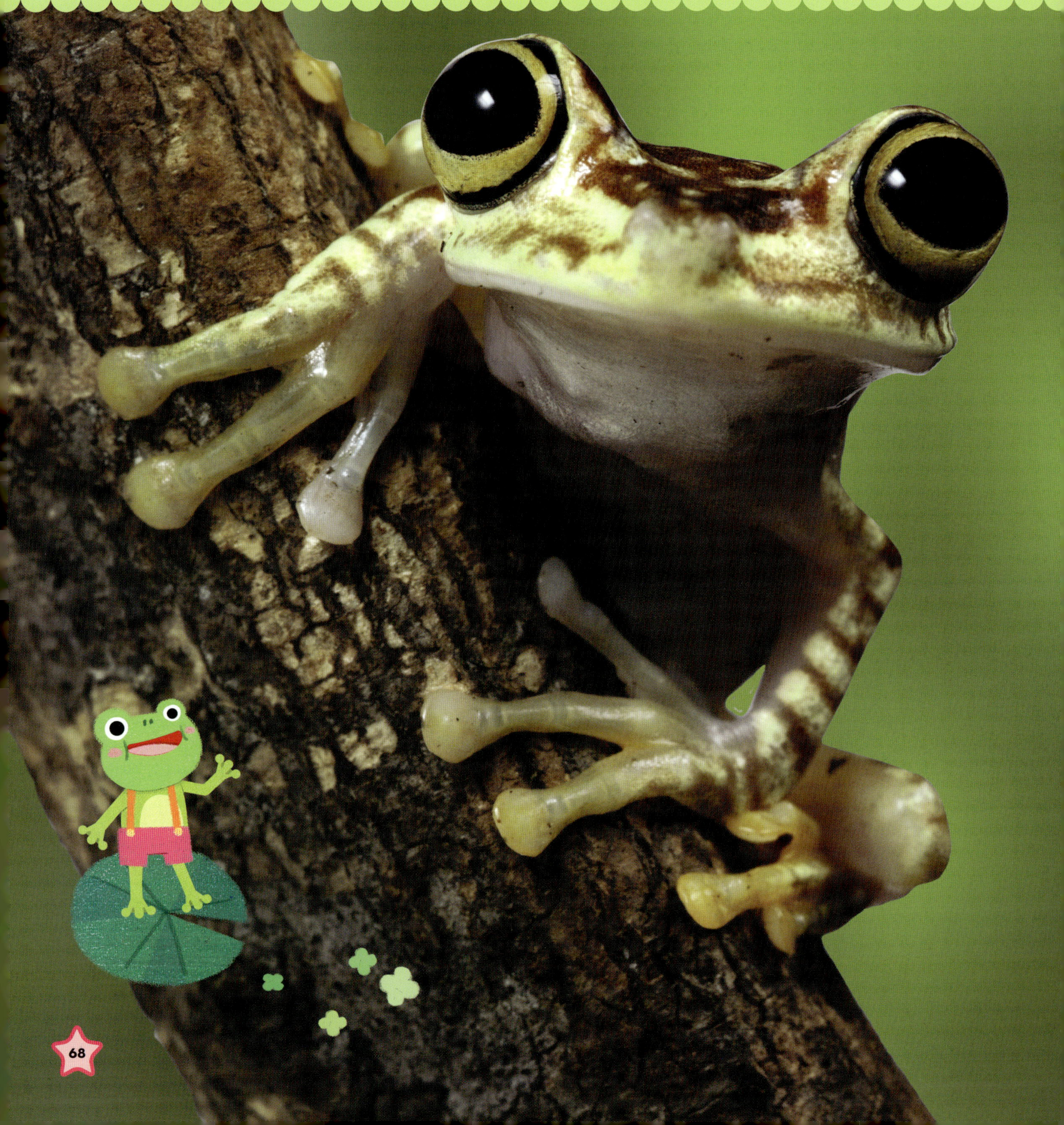

68

 네모 색종이를 윗변과 아랫변이 만나게 반으로 접어 내려서 직사각형을 만들어요.

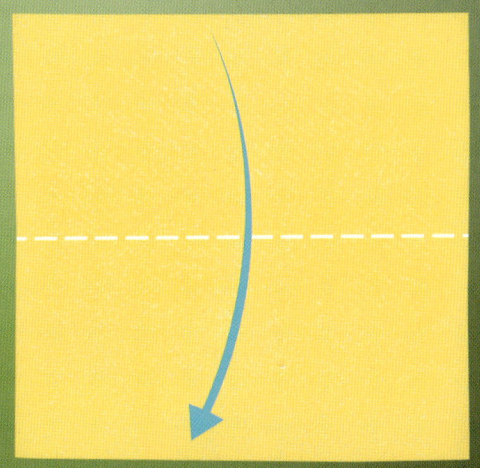

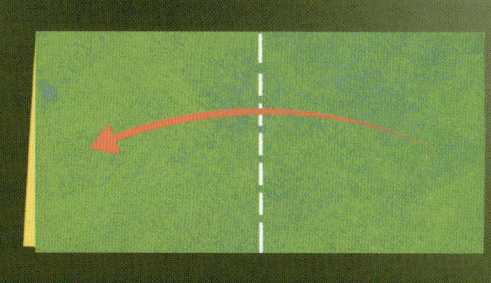 마주 보는 왼쪽과 오른쪽 변이 만나게 반으로 접어요.

 앞쪽 사각형 주머니에 손을 넣어서 삼각형 모양으로 펼쳐 접어요.

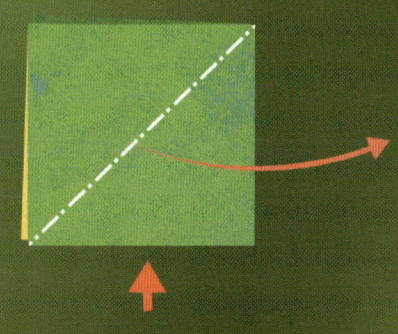

 뒤쪽 사각형 주머니에 손을 넣어서 삼각형 모양으로 펼쳐 접어요.

 삼각형 모서리 양쪽을 한 장씩 비스듬히 접어 올려요.

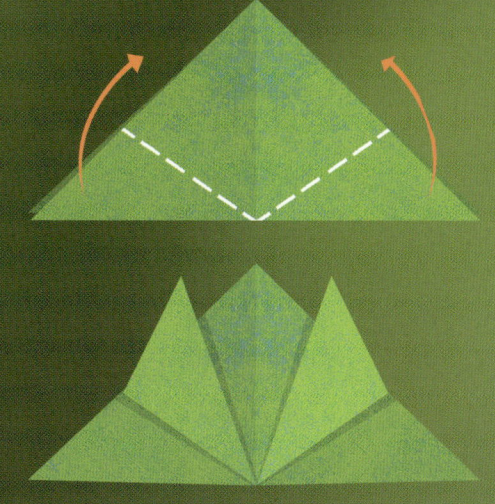

 뒤집어서 삼각형 모서리 양쪽을 비스듬히 뒤로 산 모양 접기를 해요.

꿀꿀 돼지

접는 횟수	9번
준비물	정사각형 색종이 1장

 부모님께 드리는 말씀
사각형에서 마주 보는 두 꼭짓점을 이으면 대각선이 생겨요. 사각형은 두 개의 대각선을 가져요.

1 마주 보는 꼭짓점끼리 서로 만나게 접었다 펴서 대각선을 만들어요.

2 마주 보는 오른쪽과 왼쪽 꼭짓점이 대각선에 닿게 접은 다음, 꼭짓점이 밖으로 튀어나오게 골짜기 모양 접기를 해서 귀를 만들어요.

3 마주 보는 위와 아래 꼭짓점끼리 서로 만나게 접어요.

4 아래쪽 모서리 앞장은 골짜기 모양 접기, 뒷장은 산 모양 접기로 조금 접어 올려요.

아작아작 당근

접는 횟수	9번
준비물	정사각형 색종이 2장

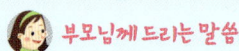 **부모님께 드리는 말씀** 순서대로 접는 경험을 통해 처음과 마지막, 앞과 뒤의 순서성 그리고 위와 아래, 오른쪽과 왼쪽의 위치 개념을 이해할 수 있어요.

1 네모 색종이를 마름모 모양으로 돌려서 마주 보는 꼭짓점끼리 만나게 반으로 접었다 펴요.

2 오른쪽과 왼쪽 꼭짓점이 가운데 선에서 만나게 접어요.

3 위쪽 삼각형을 접어 내려요.

4 양쪽 모서리를 비스듬히 접어 내려요.

쭉쭉 뻗은 나무

접는 횟수: 7~10번
준비물: 정사각형 색종이 2장

부모님께 드리는 말씀 열고 닫기, 안으로 넣기와 밖으로 빼기를 하면서 공간의 개폐성과 안과 밖의 개념을 이해할 수 있어요. 오른쪽, 왼쪽, 위, 아래, 안, 밖, 앞, 뒤 등 정확한 표현을 가르쳐 주세요.

1 마주 보는 오른쪽과 왼쪽 꼭짓점이 만나게 반으로 접었다 펴서 가운데 선을 만들어요.

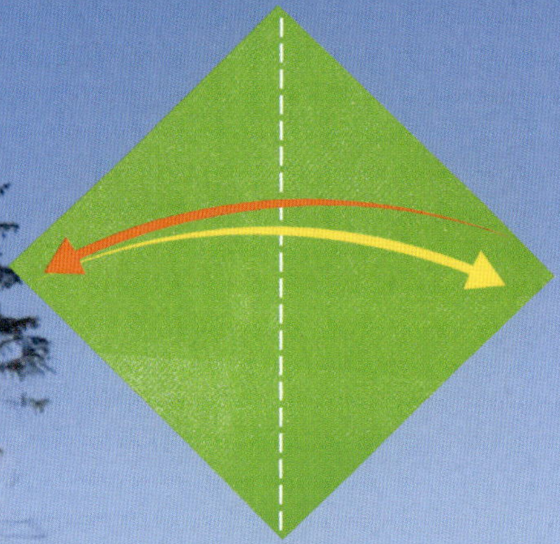

2 오른쪽과 왼쪽 꼭짓점이 가운데 선에 닿을 때까지 접어요.

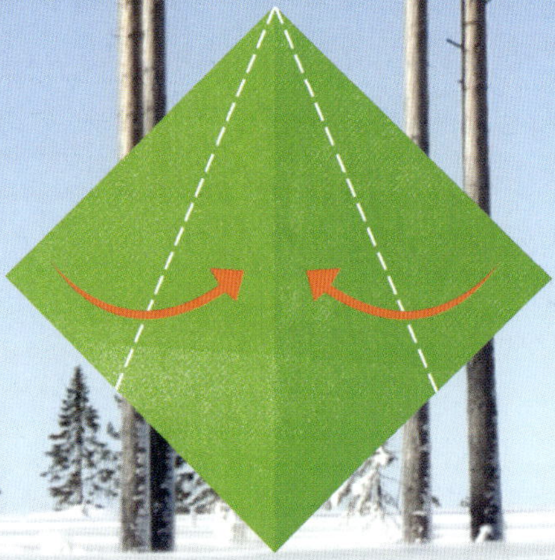

3 아래쪽 삼각형을 접었다 펴요.

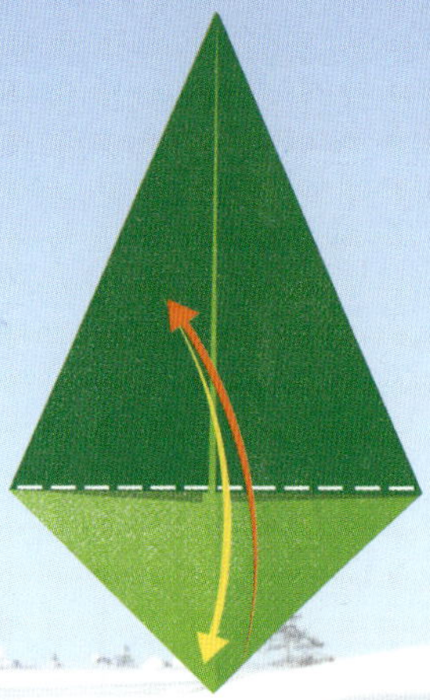

4 접었던 부분을 다시 펴고 아래쪽 삼각형을 접힌 선을 따라 다시 접어 올려요.

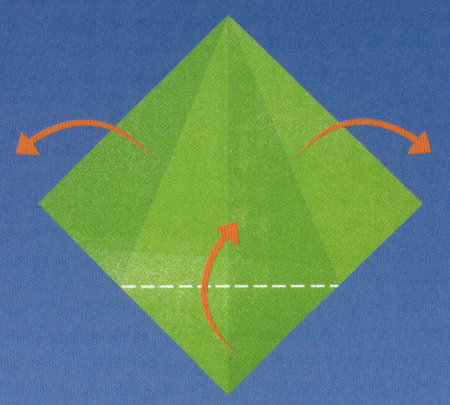

5 오른쪽과 왼쪽 꼭짓점이 다시 가운데 선에 닿을 때까지 접어요.

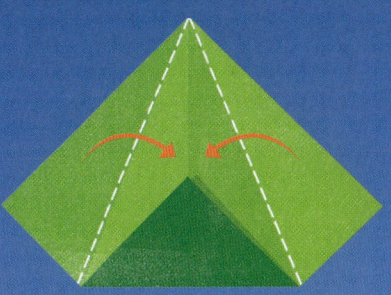

6 나무의 푸른 잎 부분을 완성했어요.

7 다른 종이를 4등분 해서 작은 사각형 네 개를 만들어요(73쪽 참조).

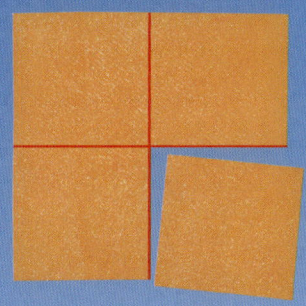

8 작은 사각형 종이 한 장을 세로로 접었다 펴서 가운데 선을 만들어요.

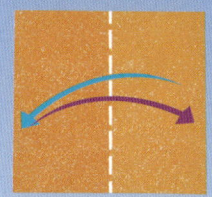

9 오른쪽과 왼쪽 변이 가운데 선에 닿게 접어서 나무줄기를 만들어요.

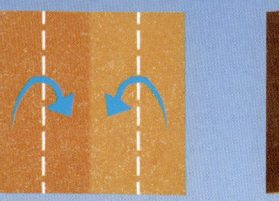

10 미리 만들어 둔 나무의 푸른 잎 속에 끼워 넣어요.

11 뒤집으면 나무 완성! 모서리를 접어서 다양한 모양을 만들 수 있어요.

토실토실 알밤

접는 횟수	9번
준비물	정사각형 색종이 1장

부모님께 드리는 말씀 나무 열매는 다람쥐가 좋아하는 먹이예요. 늦가을에 열심히 모은 열매로 춥고 긴 겨울을 난답니다. 〈산골짝에 다람쥐〉라는 동요를 부르며 종이접기를 하면 더욱 재미있어요.

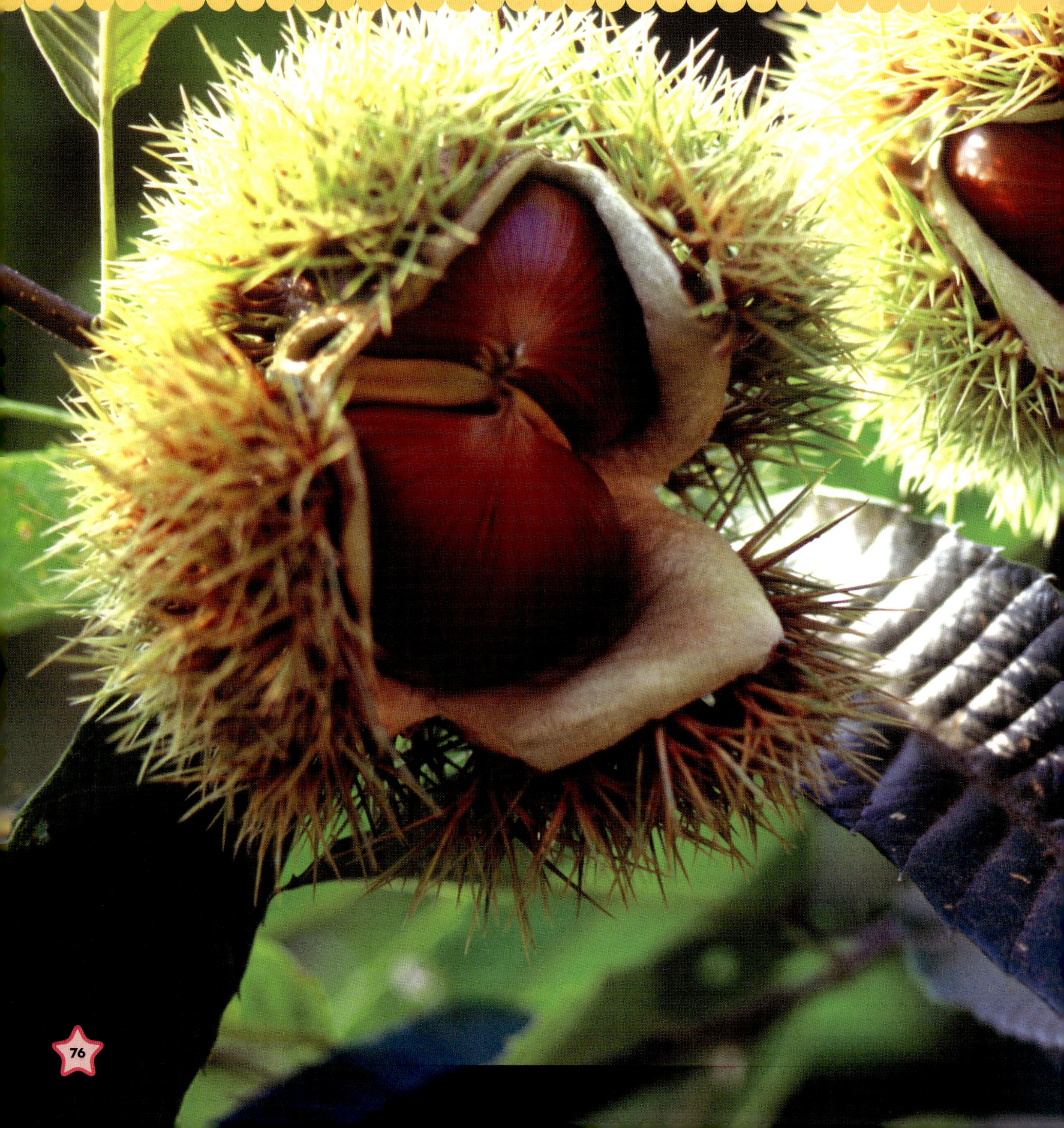

알록달록 무당벌레

접는 횟수 **10번**

준비물 **정사각형 색종이 1장**

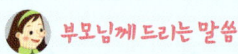 크레파스, 물감, 사인펜 등 색깔을 표현할 수 있는 여러 가지 재료를 이용해서 꾸미게 하면 재미와 성취감이 더욱 커져요.

1 네모 색종이를 마름모 모양으로 돌려서 마주 보고 있는 위와 아래 꼭짓점이 만나게 산 모양 접기를 해서 큰 삼각형을 만들어요.

2 오른쪽과 왼쪽 꼭짓점이 위쪽 꼭짓점과 만나게 접어서 올려요.

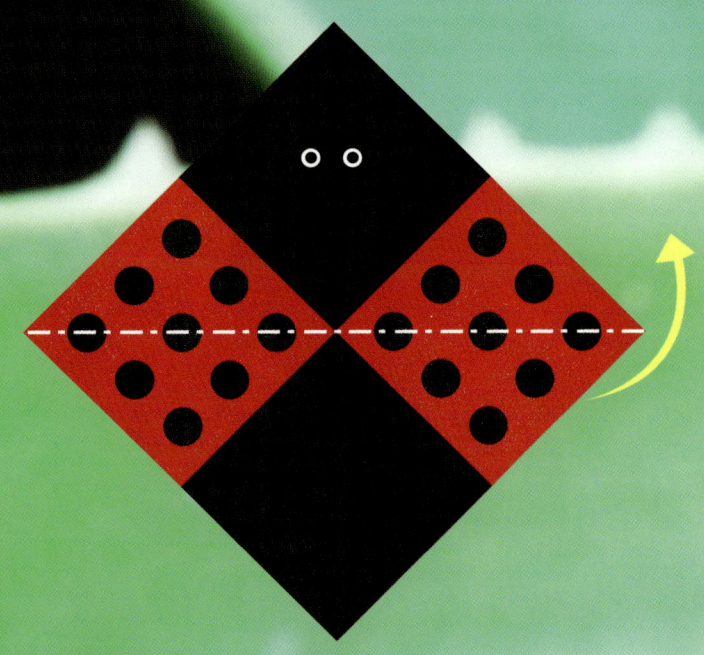

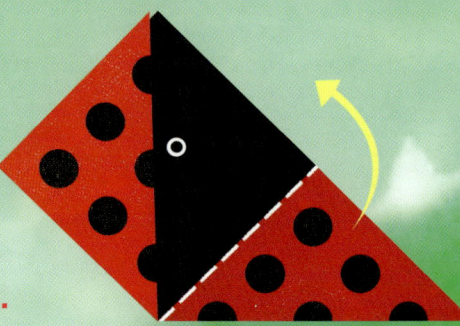

* 책 맨 뒤에 무당벌레 접기 색종이가 들어 있어요.

3 접어 올린 양쪽 삼각형을 반으로 접어 내려요.

4 위쪽 삼각형 부분의 종이 두 겹을 아래쪽으로 같이 접었다 펴서 만들어진 선을 따라 앞장은 산 모양 접기를 하고 뒷장은 골짜기 모양 접기를 해서 넣어요.

5 양쪽 모서리를 비스듬히 뒤로 접으면 완성!

매암매암 매미

접는 횟수	10번
준비물	정사각형 색종이 1장

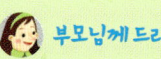 앞뒤 색이 다른 종이로 매미를 접으면 배색놀이를 할 수 있어요. 비슷한 색끼리 배색을 했을 때와 반대되는 색끼리 배색을 했을 때 느낌이 어떻게 다른지 물어 보세요.

1 네모 색종이를 마름모 모양으로 돌려서 마주 보고 있는 위와 아래 꼭짓점이 만나게 반으로 접어서 큰 삼각형을 만들어요.

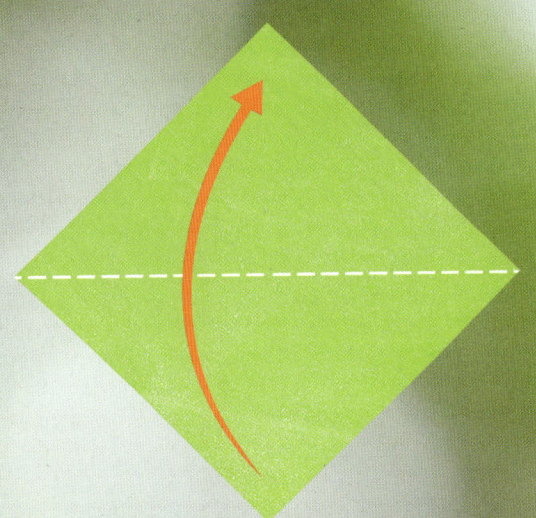

2 이번에는 오른쪽과 왼쪽 꼭짓점이 만나게 반으로 접었다 펴서 가운데 선을 만들어요.

3 오른쪽과 왼쪽 꼭짓점이 위쪽 꼭짓점과 만나게 접어서 올려요.

4 접어올린 부분을 비스듬히 펼치면서 접어 내려요.

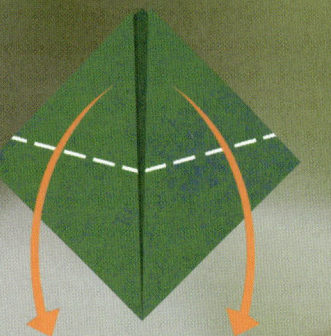

5 위쪽 종이 한 장을 그림처럼 접어 내려요.

6 뒷장은 앞장보다 조금 위에서 접어 내려요.

7 양쪽 모서리를 비스듬히 뒤쪽으로 산 모양 접기를 해서 넘기면 완성!

접는 횟수	10번
준비물	정사각형 색종이 6장

송이송이 포도

부모님께 드리는 말씀 한 알 두 알 포도알을 붙여서 포도송이를 만들면서 '붙다'와 '떨어지다', 부분과 전체의 개념을 이해할 수 있어요.

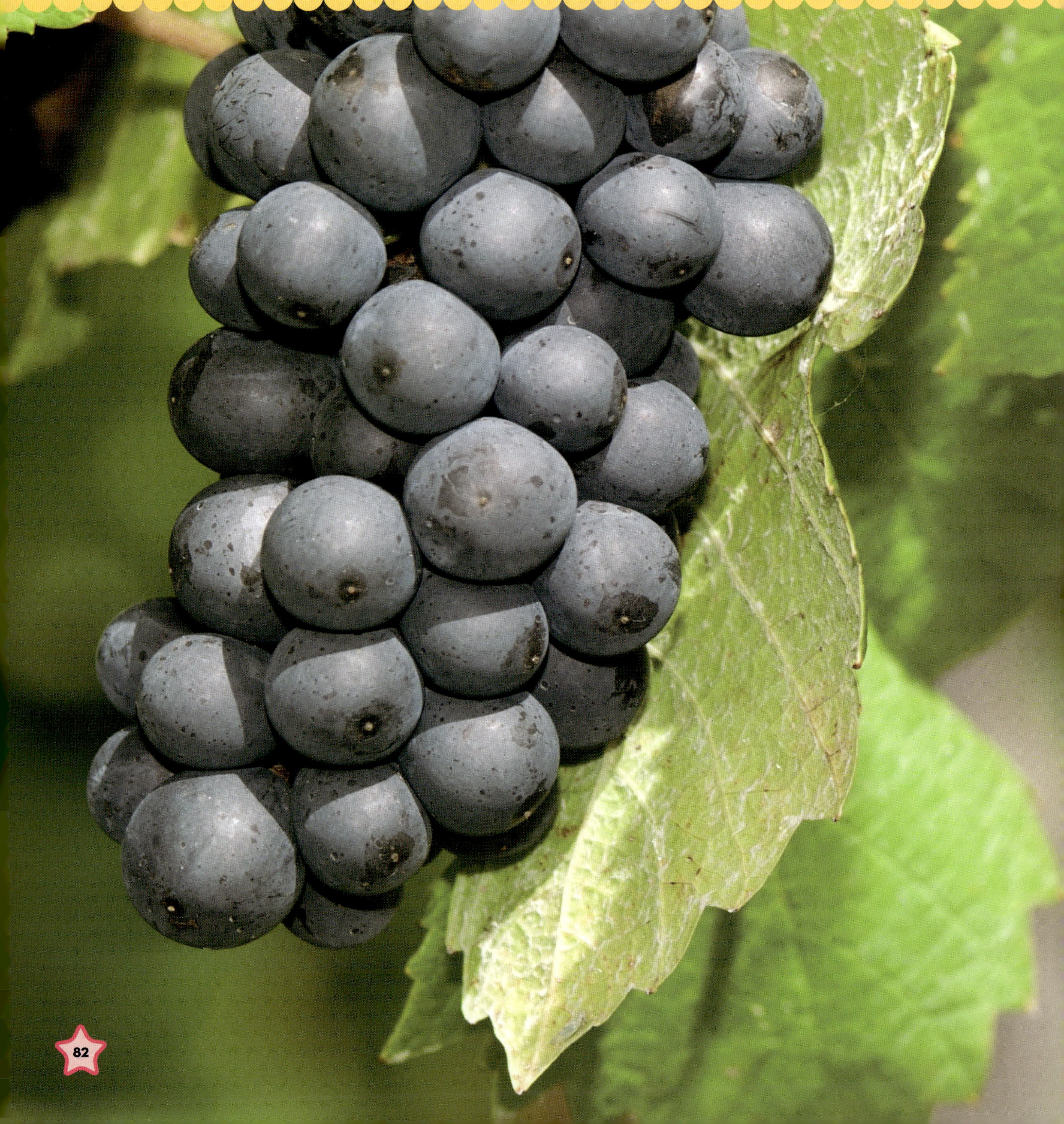

1 네모 색종이를 마름모 모양으로 돌려서 마주 보는 꼭짓점끼리 만나게 반으로 접었다 펴요.

2 네 개의 꼭짓점이 중심에서 만나게 접어요.

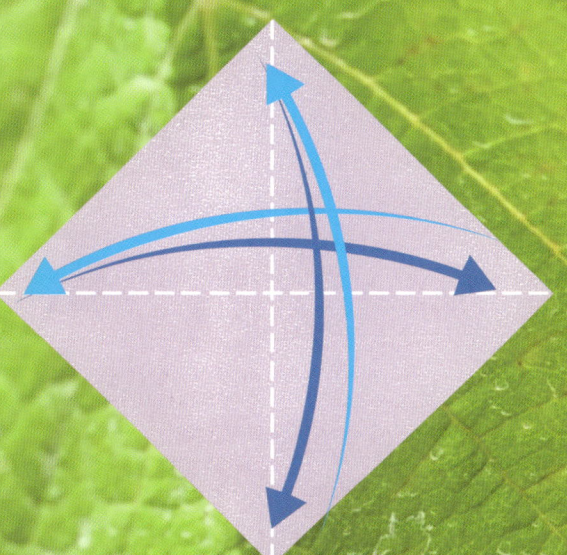

3 네 모서리를 조금씩 안쪽으로 접어요.

4 종이를 뒤집으면 포도 한 알 완성!

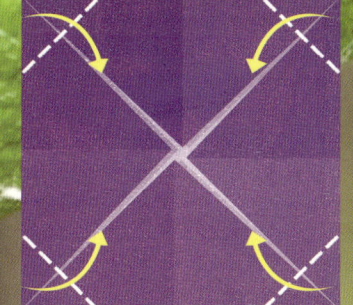

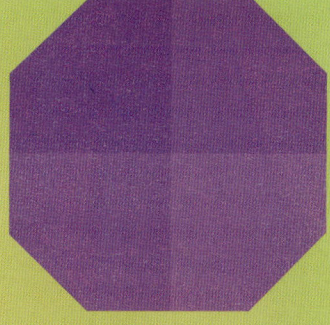

5 같은 방법으로 종이 5장을 더 접어요.

6 포도알 여섯 개를 붙여서 포도송이를 만들어요.

무시무시한 상어

접는 횟수 **11번**
준비물 **정사각형 색종이 1장**

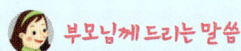 **부모님께 드리는 말씀**
4세 이상이 되면 색깔이 어떤 느낌인지 구별할 수 있어요. 차가운 색과 따뜻한 색을 골라서 상어를 접은 뒤에 각각 어떻게 보이는지 물어 보세요.

1 마주보는 꼭짓점끼리 만나게 반으로 접었다 펴요.

2 오른쪽과 왼쪽 꼭짓점이 가운데 선에서 만나게 접어요.

3 종이를 뒤집어서 위쪽과 아래쪽 꼭짓점이 만나게 접어 내려요.

탱글탱글 토마토

접는 횟수 **12번**

준비물 **정사각형 색종이 1장**

부모님께 드리는 말씀 토마토의 빨간색과 꼭지의 녹색은 색상 차이가 큰 반대색이에요. 여러 색깔의 색종이를 보면서 '비슷하다'와 '다르다'는 말의 뜻을 이해할 수 있게 도와주세요.

1 네모 색종이를 마름모 모양으로 돌려서 마주 보는 꼭짓점끼리 만나게 반으로 접었다 펴요.

2 오른쪽과 왼쪽 꼭짓점이 중심에서 만나게 안으로 접어요.

3 위쪽 꼭짓점은 뒤로 접어요.

4 아래쪽 꼭짓점이 윗변에 닿게 접어 올려요.

사락사락 꽃게

접는 횟수: 13번
준비물: 정사각형 색종이 3장

부모님께 드리는 말씀
"꽃게는 집게 다리가 몇 개지?" 하고 물어 보세요. 따로 접은 다리를 몸통에 붙이면서 '붙음'과 '떨어짐'을 알아요. 꽃게의 걸음걸이를 흉내 내는 게임을 해도 재미있어요.

1 네모 색종이를 마름모 모양으로 돌려서 마주 보는 꼭짓점끼리 만나게 반으로 접었다 펴요.

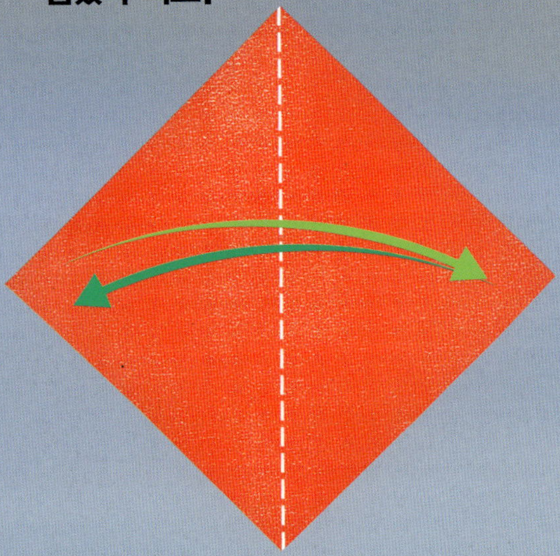

2 오른쪽과 왼쪽 꼭짓점이 가운데 선에서 만나게 접어요.

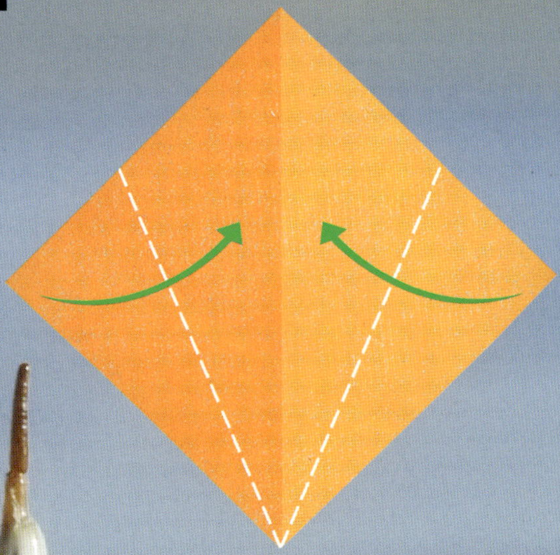

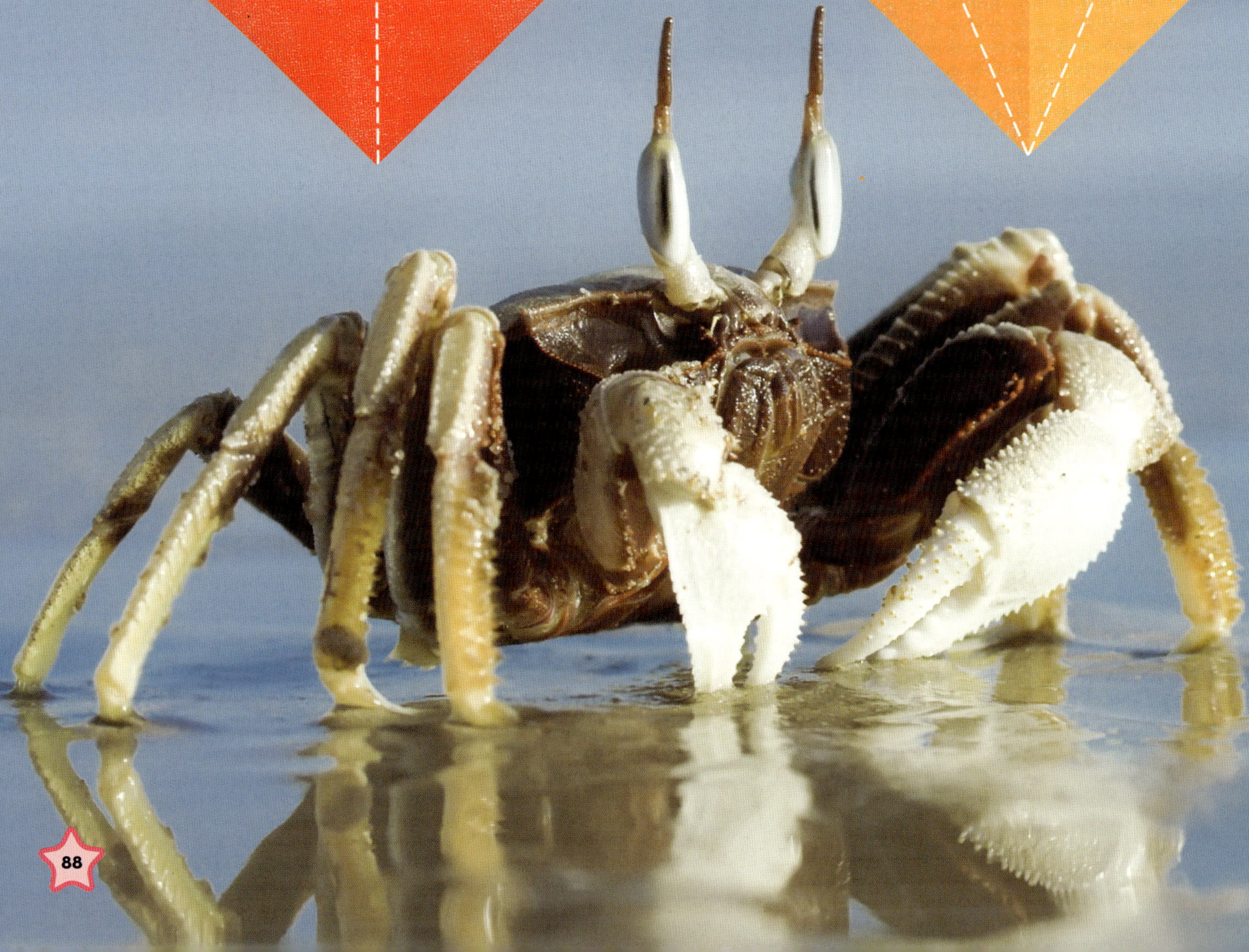

3 아래쪽 삼각형을 접어 올려요.

4 위쪽 삼각형을 접어 내려요.

5 양쪽 모서리를 비스듬히 접어 내려요.

6 종이를 뒤집으면 꽃게 몸통 완성!

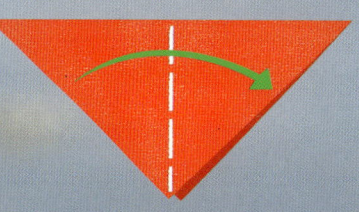

7 다른 종이를 마름모 모양으로 돌려서 반으로 접어 내려요.

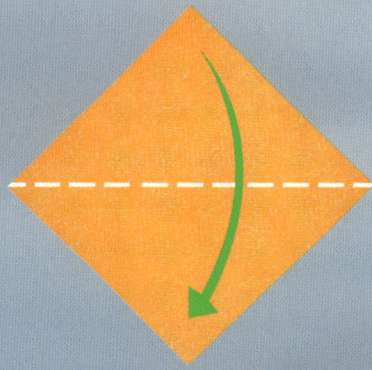

8 오른쪽과 왼쪽 꼭짓점이 만나게 반으로 접어요.

9 위에 있는 종이를 비스듬히 접으면 꽃게 다리 완성!

10 같은 방법으로 꽃게 다리를 한 개 더 만들어서 몸통에 붙여요.

새콤달콤 딸기

접는 횟수 **14번**

준비물 **정사각형 색종이 2장**

부모님께 드리는 말씀 두 변 또는 두 꼭짓점이 가까워지고 멀어지는 경험을 통해 공간의 근접성을 이해할 수 있어요. 종이를 접었다 펼 때 "가까워졌다가 멀어지네."라고 이야기해 주세요.

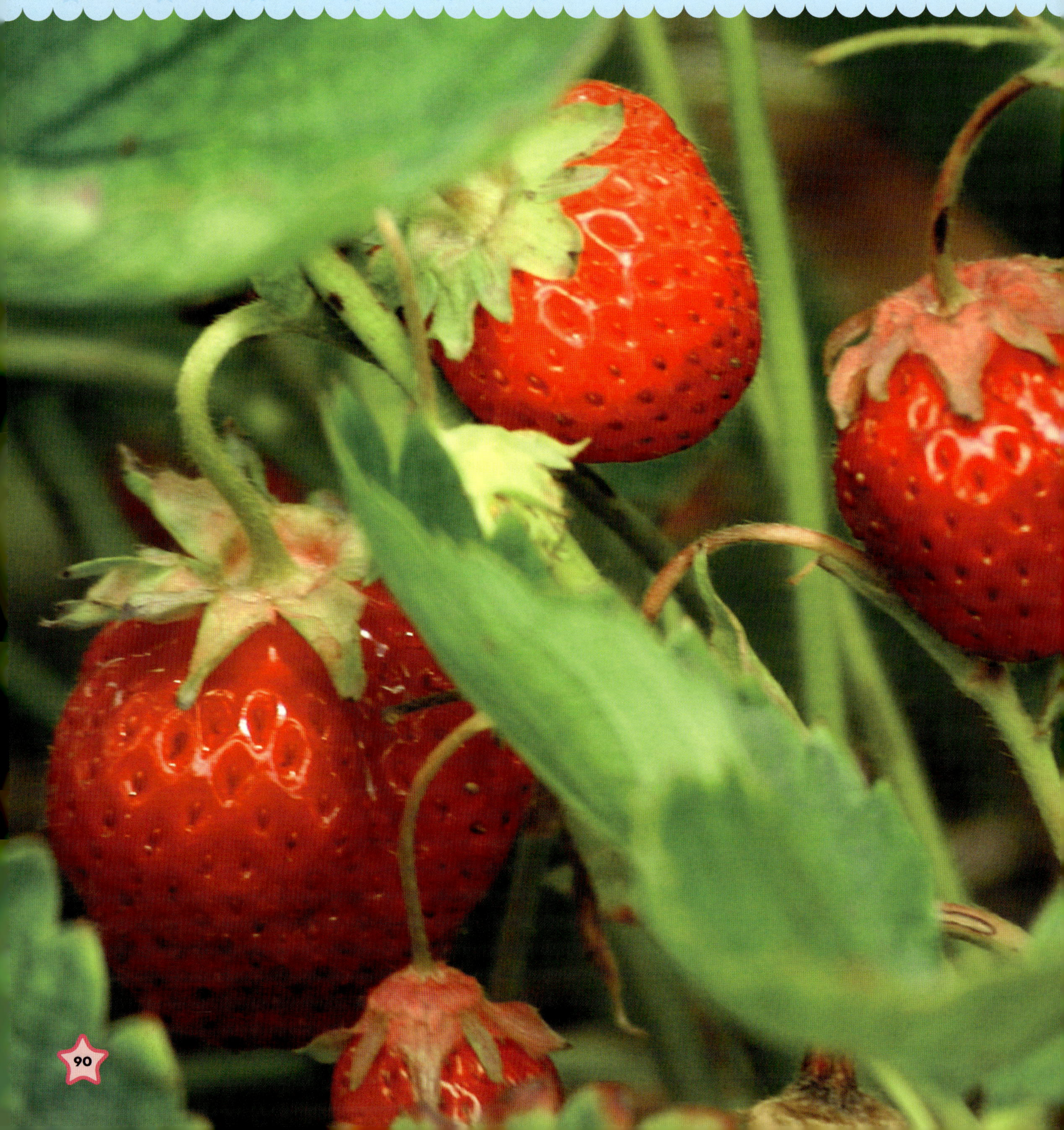

1 네모 색종이를 마름모 모양으로 돌려서 마주 보는 꼭짓점끼리 만나게 반으로 접었다 펴요.

2 오른쪽과 왼쪽 꼭짓점이 가운데 선에서 만나게 접어요.

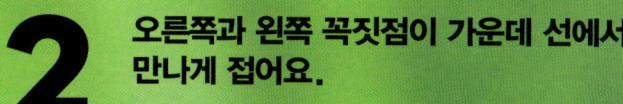
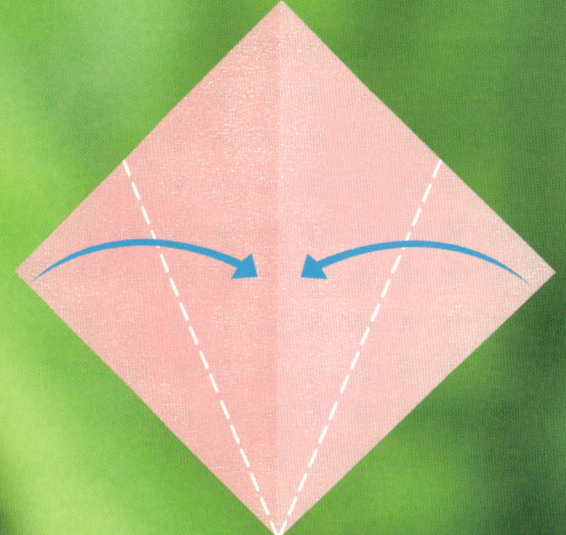

3 위쪽 삼각형을 접어 내려요.

4 세 모서리를 조금씩 접어요.

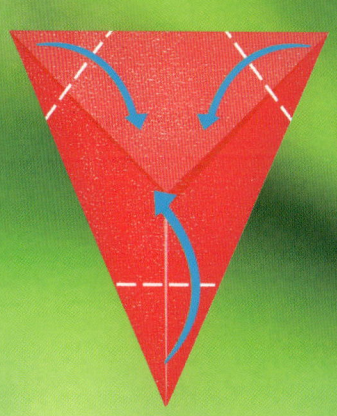

5 네 모서리를 조금씩 접어요.

6 뒤집어서 꼭지를 붙여요. 꼭지는 색종이 1/4장으로 튤립 접기를 해요. 씨를 그리면 딸기 완성!

* 꼭지 접기는 당근잎 접기(73쪽)와 같아요.

팔랑팔랑 바람개비

접는 횟수 **14번**

준비물 **정사각형 색종이 1장**

부모님께 드리는 말씀 다 접은 뒤에 수수깡이나 나무젓가락에 꽂아 주면 바람개비놀이를 할 수 있어요. 날개의 주머니 부분에 입김을 불면 뱅글뱅글 잘 돌아가요. 엄마가 먼저 시범을 보여 주세요.

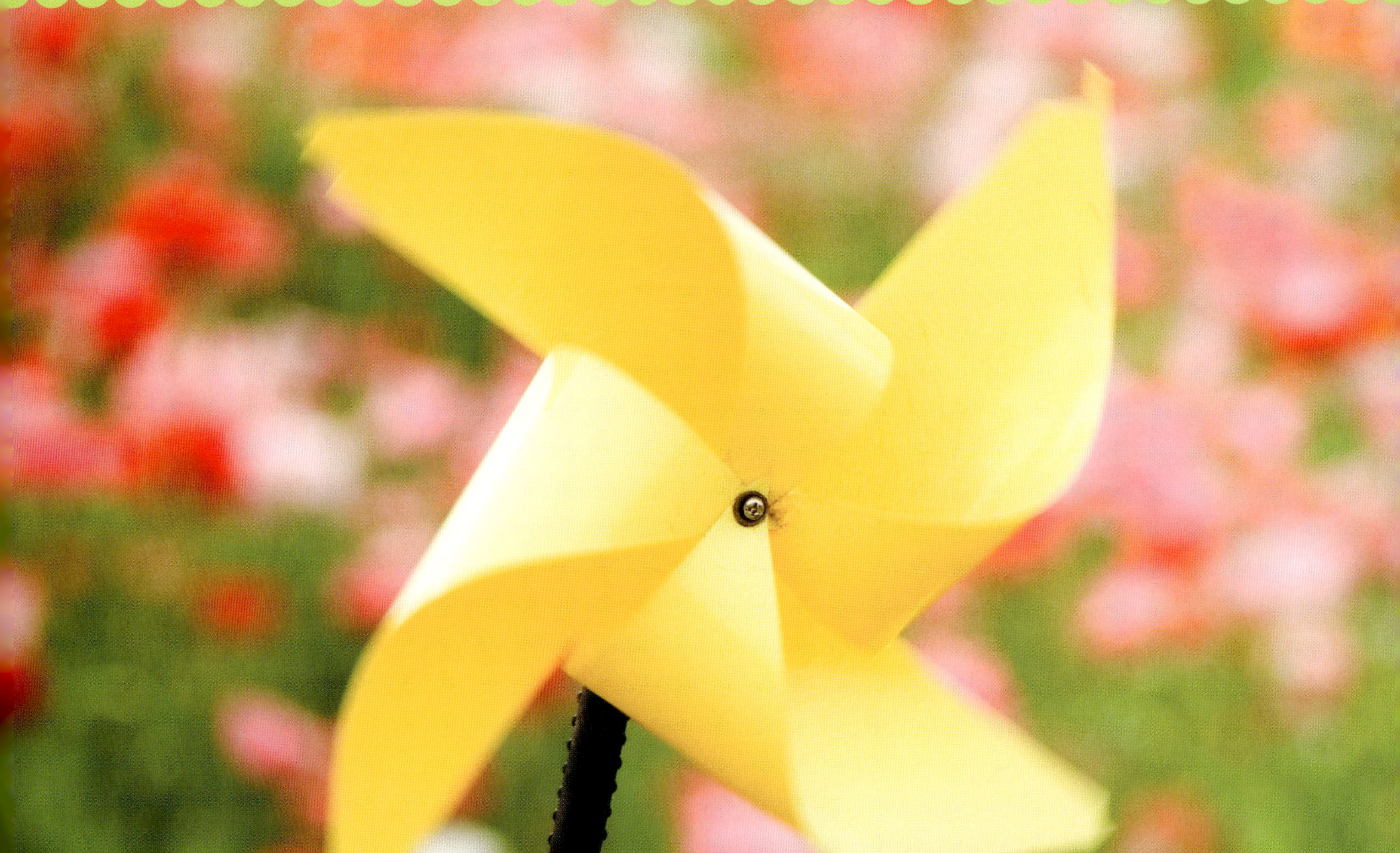

1 네모 색종이를 마주 보는 변끼리 서로 만나게 접었다 펴서 가로 길이를 2등분하는 선을 만들어요.

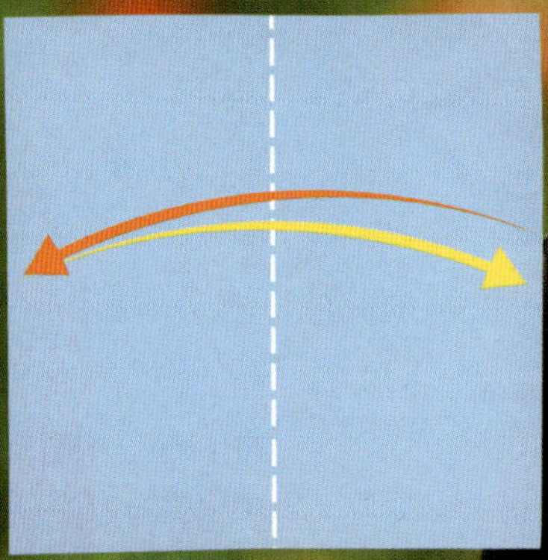

2 오른쪽과 왼쪽 변을 가로 길이를 2등분하는 선에 닿게 접어요.

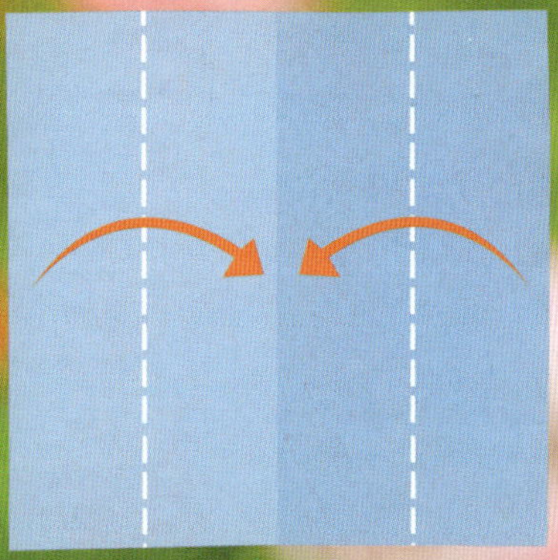

3
마주 보는 윗변과 아랫변이 만나게 접었다 펴서 세로 길이를 2등분 하는 선을 만들어요.

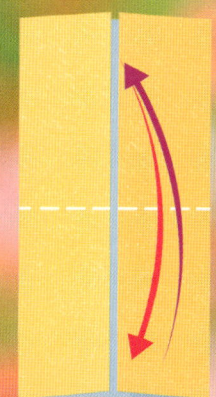

4
윗변과 아랫변을 세로 길이를 2등분 하는 선에 닿게 접어요.

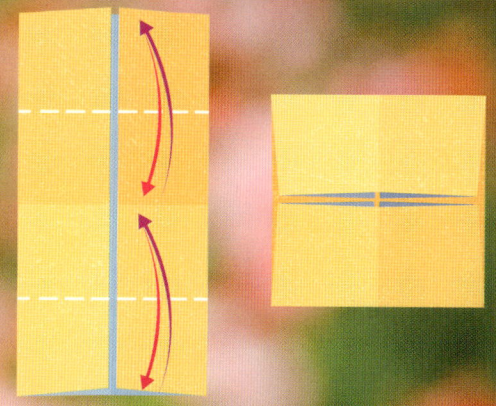

5
마주 보는 꼭짓점끼리 만나게 접었다 펴서 대각선을 만든 다음 위아래로 접은 부분을 펴요.

6
아래쪽을 바깥쪽으로 펼치면서 눌러요. 접었다 피면서 생긴 선을 따라 접으면 쉬워요.

7
위쪽도 같은 방법으로 바깥쪽으로 펼치면서 눌러요.

8
그림처럼 날개를 접어요.

9
바람개비 완성!

입이 쩍 악어

접는 횟수 21번
준비물 정사각형 색종이 1장

부모님께 드리는 말씀 색종이를 한 번 접으면 두 조각으로 나눌 수 있고, 두 번 접으면 네 조각으로 나눌 수 있다는 것을 이해할 수 있게 도와주세요.

1 위아래 마주 보는 변이 서로 만나게 접었다 펴서 세로 길이를 2등분 하는 선을 만들어요.

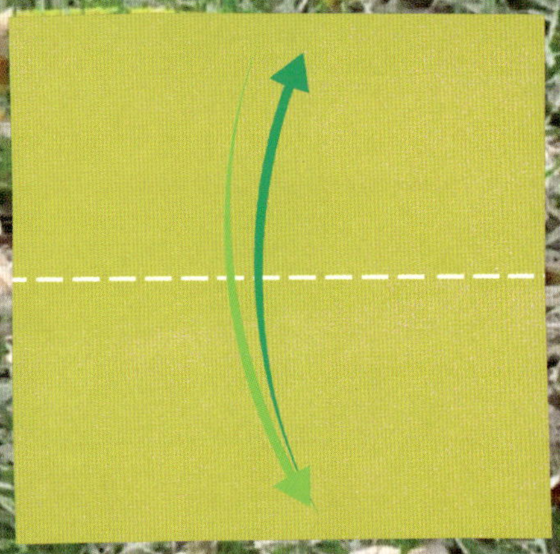

2 윗변과 아랫변을 2등분 선에 닿게 접어요.

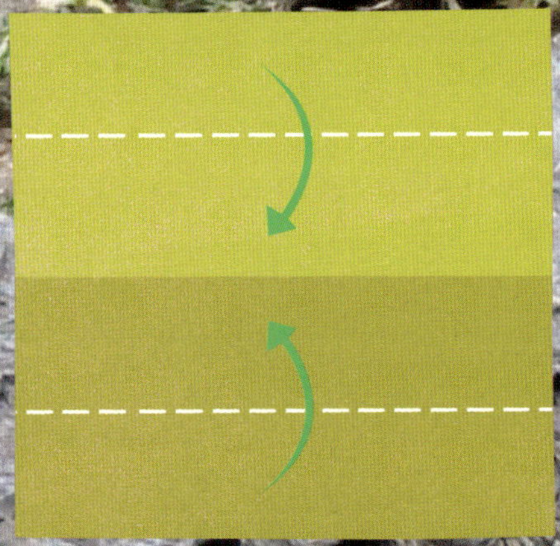

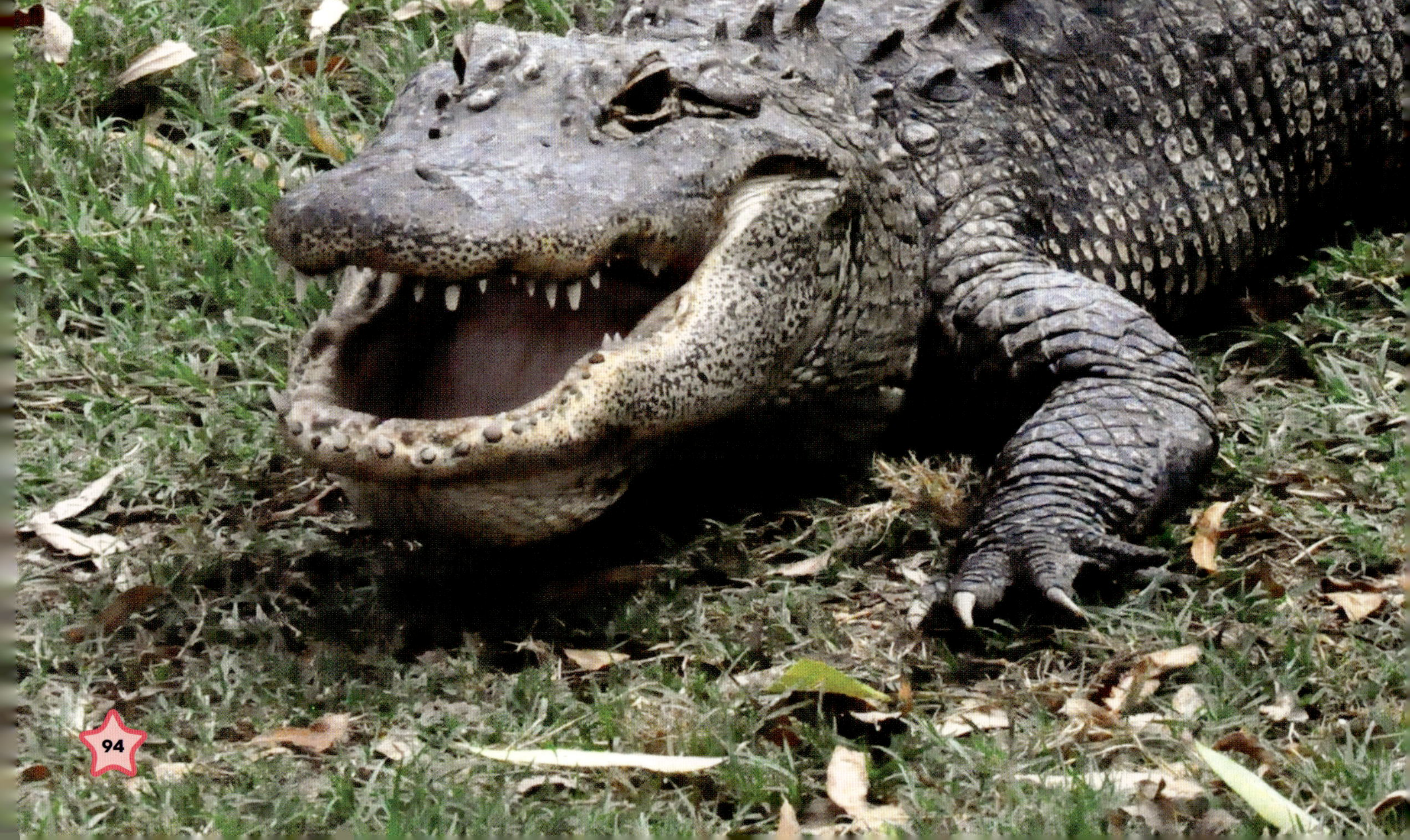

사용 시 주의 사항

- 반드시 아이가 보호자의 보호 아래 사용하게 하십시오.
- 포장재는 개봉 후 즉시 버려 주십시오.
- 종이에 베이거나 모서리에 긁히지 않도록 주의하십시오
- 넘어질 우려가 있으니 제품을 바닥에 방치하지 마십시오.
- 스티커를 삼키지 않도록 주의하십시오
- 잘못된 제품은 구입후 10일 이내 구입처에서 교환하여 드립니다.
- 제품에 자체 결함이 있을 시 무상 A/S 보증 기간은 구입 후 3개월 입니다.
  단, 소비자의 부주의로 인한 파손이나 손해는 보상되지 않습니다.
- 사용 중 분실된 구성품은 별도의 낱개 구입이나 교환이 불가능합니다.

엄마표 첫 종이접기

1판 1쇄 발행 2015년 8월 1일
1판 22쇄 발행 2025년 4월 21일

지은이 뇌 균형 발달 연구회
그린이 이인화
발행인 유성권
펴낸곳 ㈜이퍼블릭

출판등록 1970년 7월 28일, 제1-170호
주소 서울시 양천구 목동서로 211 범문빌딩 (07995)
대표전화 02-2653-5131 | **팩시밀리** 02-2653-2455
www.loginbook.com

- 이 책은 저작권법에 따라 보호받는 저작물이므로 무단전재와 복제를 금지하며, 이 책 내용의 전부 또는 일부를 이용하려면 반드시 저작권자와 ㈜이퍼블릭의 서면 동의를 받아야 합니다.
- 36개월 이상 어린이에게 적합한 도서입니다. Printed in Korea
- 잘못된 책은 구입처에서 교환해 드립니다.
- 책값과 ISBN은 뒤표지에 있습니다.

엄마표 영어, 엄마표 놀이는 로그인

★ 6~7쪽 수박 접기 원형 색종이

★ 6~7쪽 수박 접기 원형 색종이

★ 6~7쪽 수박 접기 원형 색종이

★ 30~31쪽 도깨비 얼굴　　　　　　　　　　　　　　　★ 8~9쪽 꽃 접기 원형 색종이

★ 30~31쪽 도깨비 얼굴 ★ 8~9쪽 꽃 접기 원형 색종이

★ 66~67쪽 비행기 접기 직사각형 색종이

★ 66~67쪽 비행기 접기 직사각형 색종이

★ 78~79쪽 무당벌레 접기 색종이　　　★ 42~43쪽 왕관 끈

★ 78~79쪽 무당벌레 접기 색종이   ★ 42~43쪽 왕관 끈

10~11쪽 스쿨버스 꾸미기

22~23쪽 냉장고 채우기

42~43쪽 왕관 꾸미기

64~65쪽 사슴 뿔

종이접기를 하나씩 완성하면 칭찬스티커를 꼭 붙여 주세요.